Karl Heinz Haag

Metaphysik als Forderung rationaler Weltauffassung

Karl Heinz Haag (1924–2011) war freier Wissenschaftler. Nach dem Studium der Philosophie sowie theologischer und anderer Disziplinen promovierte er 1951 bei Max Horkheimer in Frankfurt am Main. 1956 habilitierte er sich dort mit einer Arbeit über die neuere Ontologie. In den folgenden Jahren lehrte Haag zunächst als Privatdozent und später als Professor in den klassischen Fächern der Philosophie. Seit 1972 widmete er sich ausschließlich der philosophischen Forschung.

Karl Heinz Haag

Metaphysik als Forderung rationaler Weltauffassung

HUMANITIES
ONLINE

Bibliografische Information Der Deutschen Bibliothek
Die Deutsche Bibliothek verzeichnet diese Publikation in der Deutschen Nationalbibliografie; detaillierte bibliografische Daten sind im Internet über http://dnb.ddb.de abrufbar.

Frankfurt am Main
www.humanities-online.de
info@ humanities-online.de

Zweite Auflage 2018
ISBN 978-3-941743-75-5

Gesetzt vom Verlag aus der Stempel Garamond
Umschlaggestaltung: Uwe Adam
Printed in Germany

Dieses Buch ist auch als E-Book (PDF) erhältlich:
www.humanities-online.de

Inhalt

Einleitende Gedanken 7

I Der historische Ausgangspunkt 10

II Apotheose der Einheit 16

III Pantheismus – Materialismus 32

IV Paradoxes Denken in der modernen Theologie 60

V Alternative 91

Nachwort 117

Namenregister 119

Die Natur geht nicht auf im begrifflich Faßbaren. Der Triumph des neuzeitlichen Menschen über sie lebt von einer kontinuierlichen Beschränkung ihrer Realität auf das jeweils an ihr Erkannte. Diese Reduktion entspricht den Absichten der modernen Wirtschaft. Deren besonderes Interesse gilt seit ihren Anfängen Naturdingen, die technisch beherrschbar und ausbeutbar sind. Im Dienste solchen Interesses waren und sind materielle Gebilde jeglicher Art durch Experimente der physikalischen Wissenschaften systematisch zu erschließen. Der Begriff der »Erschließung« von Gegebenem, der für das metaphysische Denken vergangener Zeitalter die Ermittlung des Wesens sinnlich wahrnehmbarer Entitäten bezeichnete, hat in der Gegenwart jede ontologische Bedeutung verloren. Seine heute vorherrschende Definition entstammt der Physik des stofflich Elementaren. Er meint in erster Linie ein Aufbrechen der natürlichen Dinge, um sie in den »Griff« zu kriegen. Zu diesem Streben nach absoluter Verfügbarkeit der Natur hat die nominalistische Philosophie – angefangen von Wilhelm von Ockham bis zu Rudolf Carnap und Karl Popper – durch strikte Ablehnung eines intelligiblen Ansichseins der empirischen Welt die nihilistische Rechtfertigung geliefert. Bar eines inneren Seinsgrundes, der für ihre generischen und spezifischen Eigenheiten konstitutiv wäre, haben – streng nominalistisch gedacht – alle empirischen Einzeldinge den Charakter reiner Singularitäten. Auf ihre stoffliche Existenz in Raum und Zeit reduziert, verbindet sie keine Ordnung metaphysischer Wesenheiten mehr. Wie für die niederen Stufen kosmischen Seins gilt dies auch für die Entitäten der höchsten Stufe. Als Artefakte des nominalistischen Denkens verlieren auch die Menschen jede innere Bestimmung. Sie sind so entqualifiziert wie ihr Gegenüber, die Welt, welche sie nach dem Motto »divide et impera« in genau spezialisierte Teilgebiete zerlegen. Die nominalistische Verwerfung metaphysischer Wesenheiten dient nicht einer Entfaltung menschlicher Individualität, wie die moderne Aufklärungsphilosophie behauptet, sondern der Degradierung der Menschen zu wesenlosen Gebilden. Politisch bezieht sich der theoretische Kampf gegen Wesenheiten in den Individuen vor allem darauf, daß ihre Existenz an Solidarität gemahnt und die Einzelnen zur Kommunikation auffordert – nicht jedoch zur Konkurrenz. Die konkurrierenden Individuen der via moderna sind sowenig solidarisch wie ihre konkurrierenden Staaten. Indem sie mittels der Macht über die Natur zugleich Macht übereinander zu gewinnen trachten, unterwerfen sie sich den Spielregeln der neuzeitlichen Ökonomie. Zu ihr gehörte von Anbeginn, daß die wirtschaftliche Macht das Maß ist, nach dem das Leben sich richtet. Als das Allgemeine, von dem alle abhängen, ist sie mit der Aktivität der Subjekte identisch, deren Leistungswille zum letzten Agens wird. In einer wesenlosen Welt nehmen die wesenlosen Subjekte sich selber für ihren eigenen Sinn. Die Sprache wird ihnen zu einer in den Sachen unbegründeten Namengebung, durch welche sie allem und jedem vorschreiben, wie es heißen soll. Das ist die Konsequenz der zum flatus vocis verflüchtigten essentiae rerum. Gleich ihren Gegenständen, den einzig durch äußerliche Zeichen in genera und species eingeteilten Dingen, besitzen auch die einzelnen Subjekte von sich aus keine Rechte, wie sehr die bürgerlichen Verfassungen sie immer proklamieren mögen. Deren feierlicher Rede von ewigen Menschenrechten fehlt die ontologische Grundlage. Alle autoritären Staaten seit dem Ausgang des Mittelalters haben den obersten Grundsatz nominalistischer Rechtslehre zu ihrem eigenen gemacht, den später Thomas Hobbes so formulierte: auctoritas, non veritas facit legem[1]. Der keiner metaphysischen Ordnung mehr verpflichtete Staat erläßt selbstherrlich Gesetze und hebt sie

1 Th. Hobbes, Leviathan, 26. Kapitel.

nach Gutdünken wieder auf. Er selber steht über allen Gesetzen: was als gut oder böse, als recht oder unrecht zu gelten hat, liegt ausschließlich in seinem Belieben, gleichviel ob es den Einzelnen gerecht oder ungerecht deucht. Gegenüber den Untertanen kann es für eine solche Macht ein Unrecht sowenig geben wie für den nominalistischen Gott, die an nichts gebundene, aus reiner Willkür handelnde potestas absoluta. Akte oder Verhältnisse sind nämlich, nominalistischer Theodizee zufolge, gut oder böse nicht deshalb, weil sie, wie für die antike und mittelalterliche Metaphysik, Gottes vollkommener und unveränderlicher Wesenheit je nachdem entsprechen oder nicht entsprechen, sondern einzig, weil der göttliche Wille sie beliebig entweder fürs Böse- oder Gutsein bestimmt hat. Seine stets veränderlichen Beschlüsse stiften alle Gesetze der Natur und ebenso auch alle Gesetze der menschlichen Moral. Demnach wären die Normen, von deren Erfüllung menschliches Heil abhängt, nicht mehr ewig. Mit anderen Worten: nicht ein Leben, das von Gott einmal verkündeten Geboten folgt, sondern die völlig freie voluntas Dei absoluta entscheidet über das Schicksal der Menschen – über ihre Berufung zur Glückseligkeit oder ihre Verdammung[2]. Hier, in der äußersten Verachtung der Individuen, tritt der wahre Charakter nominalistischen Denkens unverhüllt zutage. Es ist ein nihilistisches Denken. Sein Nihilismus in der Lehre über Mensch und Natur aber ist ein Resultat aus seiner radikalen Verneinung von Metaphysik. Damit stellt sich die Frage: Wie konnte es zu einer solchen Verneinung kommen? Gefordert ist eine Antwort, die ihre Basis hat in einer kritischen Betrachtung der historischen Gestalten metaphysischer und antimetaphysischer Weltauffassung. Ohne deren kritische Betrachtung zerfällt

2 Vgl. hierzu Th. Hobbes, Vom Menschen. Vom Bürger, Hamburg 1959, S. 238.

Philosophie: ihre Theoreme und Prinzipien verkümmern zu willkürlichen Setzungen.

I

Die moderne Abkehr des wissenschaftlichen Denkens von Metaphysik hat eine lange Vorgeschichte, die bis ins späte Mittelalter hinabreicht. Ihre primäre Ursache liegt in der Metaphysik selber. Metaphysik war in der Antike und im Mittelalter die krönende Wissenschaft im Bereich der natürlichen Erkenntnis. Sie zielte auf eine Grundlegung der wahrnehmbaren Welt aus intelligiblen Wesenheiten. Sichtbar werden sollte das übersinnliche Eidos durch ein methodisch betriebenes Abstrahieren von der sinnlichen Erscheinungsweise stofflicher Entitäten. Einhelligkeit bestand in der Meinung, daß ein Absehen von der Existenz und den singulären Eigenheiten der res naturales schon die Erkenntnis dessen bringe, was die Dinge sind. Ebenso wie das Wesen der sinnlich gegebenen Entitäten sollte menschliche Vernunft aber auch das Wesen der Gottheit fassen können. Für diese höhere Aufgabe glaubten die Philosophen der griechischen Klassik in der Metaphysik der Weltdinge bereits das brauchbare Instrument entwickelt zu haben. Abstraktion von allem Kontingenten wies, scheinbar untrüglich, den sicheren Weg des Aufstiegs zum göttlichen Sein. Platon, der ihn als erster beschritt, war getragen von der Überzeugung, daß ein Denken, das von den akzidentellen Bestandteilen der empirischen Dinge zu abstrahieren gelernt hat, durch eine solche Methode zum immer höheren und wesenhafteren Sein gelangen werde: schließlich zu Gott selber[3]. Diese Theorie eines kontinuierlichen Aufstiegs zu einem Höch-

3 Platon, Staat 532-533 und 596-597.

sten schloß die Möglichkeit einer Rückkehr ein – zurück zu der Mannigfaltigkeit empirischer Einzeldinge, von welcher der ganze Abstraktionsprozeß seinen Ausgang genommen hatte. Solche Rückkehr sollte erklären, wie der Kosmos zu seiner Ordnung kommt. Einheit göttlichen Seins ist vom Idealismus der Antike bis zu den idealistischen Systemen der Moderne das oberste Prinzip eines logischen Aufbaus der Welt. Der Aufstieg zu einer als reine Identität gedachten Gottheit war legitimiert durch seine Absicht: Naturerklärung. Ihre stringente Durchführung würde einer Erkenntnis der Weltgenese gleichkommen: der Deduktion der kontingenten Dinge aus einem Absoluten. Als eine Kosmologie, welche göttlichem Sein die Erzeugung von Welt zuschreibt, ist sie aber nur die idealistische Umkehrung der Naturerklärung durch die antiken Materialisten. Ohne ein ordnendes Prinzip ließen sie die Welt der wahrnehmbaren Phänomene rein mechanisch aus sich bewegender Materie entstehen. In den vorphilosophischen Anfängen einer Naturerklärung war die Stiftung einer kosmischen Ordnung mythischen Gottheiten zugedacht. Deren Aufgabe bestand nicht in einer creatio ex nihilo, sondern ausschließlich in der Gestaltung eines vorgegebenen Materials zu einer geordneten Welt. Es ist in allen Göttermythologien schon existent: als chaotischer Urstoff. Das Ungeordnete, das zur dunklen Vorzeit wird, hatten die Götter umzuwandeln in das Gegenwärtige: den Kosmos. Die ungeformte Weltmaterie kehrt aber zurück: sie war allein übriggeblieben, als die Götter im Prozeß aufklärenden Denkens ihre Wirklichkeit verloren. So wurde sie erneut zum Problem. Eine rationale Ableitung der sichtbaren Welt aus Urstoffen, die nun an die Stelle des Waltens mythischer Gottheiten zu treten hatte, bildet den Anfang der Philosophie. Sie will auf begreifbare Weise sagen, wie aus dem, worin sie das Ursprüngliche sieht: Wasser oder Luft oder Feuer, die sinnlicher Wahrnehmung unmittelbar gegebene Welt entstanden sei. Die Götter nahm sie für bloße Produkte der menschlichen Phantasie. Unerkannt blieb, was in den Gottheiten des Mythos heranreifte: die Darstellung ordnender principia mundi. Deren radikale Verneinung ist am nachdrücklichsten von der Philosophie gefordert worden, in welcher die antike Rückführung des Kosmos auf Materie und Bewegung sich vollendete: der atomistischen von Leukipp und Demokrit.

Das Ziel ihres Denkens war die Auffindung stofflicher Weltprinzipien von höchster Allgemeinheit. Für die materialistischen Vorläufer von Leukipp und Demokrit gehörte das Allgemeine, in dem alles Besondere zu gründen hatte, noch der Sphäre empirisch gegebener Einzeldinge an. Elemente wie Wasser oder Luft waren Bestandteile der all-täglichen Erfahrung, selber singuläre Phänomene also, aus deren kontinuierlicher Verdichtung und Verdünnung eine vage Spekulation die erscheinende Natur ableiten wollte. Die Suche nach einem allgemeinen Substrat der sinnlich wahrnehmbaren Entitäten hat dann vom Anschaulichen zu unanschaulicher und in ihrer Substanz von sinnlichen Qualitäten freier Materie geführt: zu stofflich indifferenten Bausteinen der sichtbaren Welt. Das unsichtbare Substrat der erscheinenden Natur besteht für Leukipp und Demokrit aus unendlich vielen quanta discreta: in sich lückenlosen und daher unteilbaren Korpuskeln, den primär für seiend geltenden Atomen, die in leerem Raum planlos sich bewegen. Frei von jeder stofflichen Differenz unterscheiden die atomaren Bausteine der konkreten Einzeldinge sich einzig durch ihre Größe und ihre Gestalt. Ihre Verschiedenheit in Gestalt und Größe war notwendig zur Deduktion der Elemente, welche Leukipp und Demokrit bereits als zusammengesetzt erkannt hatten: Wasser, Luft und Feuer. Die spezifisch bestimmten entia naturalia haben die beiden ersten Vertreter einer rein mechanistischen Weltauffassung zu der Annahme gezwungen, daß von den sich bewegenden Atomen die heterogenen voneinander abprallten, während die homogenen sich miteinander verbanden und so die sichtbare Natur konstituierten. Diese Annahme verschiedener Atome und ihrer Eignung zu größeren Gebilden, in der Leukipp und Demokrit die Welt erklärt sahen, hat Platon als die fundamentale Schwäche des materialistischen Systems erkannt. Sie besteht in dem Bruch zwischen Zweitem und Erstem: den vielgestaltigen Atomen und ihrer stofflichen Identität. Die logische Unmöglichkeit, ihre mannigfaltigen Formen aus der indifferenten Einheit ihres stofflichen Substrats zu deduzieren, führte Platon zu dem Zentralgedanken seiner Philosophie. Nur im Aufstieg zu Metaphysischem sollte sich erklären lassen, wie materielle Dinge zu ihrer Gestalt kommen. Entscheidend für das Gelingen einer solchen Naturerklärung war die adäquate Bestimmung dessen, was Platon im Begriff des Metaphysischen unterstellte: ein objektives Dasein ewiger ideae rerum. Die Möglichkeit, sie auch in ihrem Inhalt zu erkennen, schien ihm methodisch gesichert durch stetiges Fortschreiten von der Vielheit des Singulären zu der höheren Ebene des Allgemeinen: den Prinzipien, die eine immer gleichbleibende Gestaltung einer jeden Art von Weltdingen garantieren[4]. Platon erhöht in den ideae rerum das Gemeinsame der Einzeldinge zu ihrem konstitutiven Wesen. Jedes sichtbare Ding wäre – durch Teilhabe an ihm – eine Manifestation seines sinnlich nicht wahrnehmbaren Eidos. Die in den Ideen auf abstrakte Weise abgebildeten Dinge werden so aus einem gnoseologisch Ersten zu einem ontologisch Zweiten: zu Abbildern ihrer eigenen Imitation. Klassischer Ausdruck dieser Umwandlung ist der platonische Chorismos: als das Unvergängliche darf den Ideen nur eine Göttern ähnliche Existenz jenseits von allem Vergänglichen zukommen. Von

4 Platon, Phaidros 249 b-c und Parmenides 134 e-135 c.

solchen zu ewigen Urbildern ernannten Ideen unterschieden sich empirische Dinge einzig durch das, was bei Platon Materie heißt: gestaltlose Stofflichkeit. Weil die Ideen alle begrifflich faßbaren Inhalte der empirischen Welt sind, kann ihr absoluter Gegenpol nur in Unbestimmtheit und Leere bestehen[5]. Ihm wird der Name Materie beigelegt. Ihre Nichtigkeit hat Platon im Spätwerk positiv zu deuten versucht: als bildsame Masse, welche von Ewigkeit her für jede denkbare Gestalt zum Abdruck bereitliegt, muß sie selbst ungestalt sein[6]. Käme ihr nämlich eine eigene Gestalt zu, so würde sie neben dem, was gestaltend auf sie einwirkt, zur Erscheinung gelangen. Damit aber wäre sie völlig ungeeignet für eine makellose Aufnahme von Nachbildungen des urbildlich Seienden, die Gott, der Schöpfer der sichtbaren Welt, in sie eintreten lasse[7]. Sein Wirken soll auf diese Weise erkennbar machen, wie empirische Dinge an transzendenten Ideen partizipieren: in der Form nämlich, daß sie ihnen nachgebildet sind[8]. Ideen werden so zu dem allein objektiven Inhalt der konkreten Wirklichkeit. Deren Herabsetzung zu bloßem Schein und die Deklaration einer auf Ideen reduzierten Welt hätte die logische Konsequenz sein müssen. Gründet nämlich die Existenz und Individualität wahrnehmbarer Dinge in einer von sich aus unbestimmten Materie, so sind real einzig die in hierarchischer Ordnung aus dem Absoluten hervorgehenden Ideen. Diese immanente Konsequenz aus Platons idealistischem System wurde erst von seinen neuplatonischen Nachfolgern gezogen. In ihrer Metaphysik erreicht die antike Vergöttlichung des an der Natur begrifflich Faßbaren ihren Höhepunkt.

5 Platon, Timaios 50b-51d.
6 l.c. 50b-e.
7 l.c. 28a-29a.
8 Platon, Parmenides 132c-133a.

Die platonischen Ideen genügten nicht dem Postulat ontologischer Grundlegung eines jeden Dinges. Zwar wird der Glaube an kosmische Ordnung stiftende Götter in ihnen zur Metaphysik – aber nicht in einer höheren Dimension der Wahrheit. Die kritische Läuterung des Mythos beschränkt sich auf eine Vergeistigung: leibhafter Gottheiten zu körperlosen Ideen. Gleich jenen sollten auch die Ideen einen ordo naturae stiften – und so mehr sein als eine bloß metaphorische Naturerklärung durch menschliches Denken. Nur scheinbar jedoch ließ sich dieses Mehr erreichen durch die Fixierung des Gemeinsamen an sinnlich wahrnehmbaren Einzeldingen. Die Erhebung dessen, worin res naturales übereinstimmen, zu ihrer metaphysischen Wesenheit endete in einem tautologischen Verhältnis von principium und principiatum. Verselbständigt zu Ideen taugten die von Platon zustandegebrachten Imitationen des empirisch Gegebenen einzig zur Formung ungeformter Materie. Durch solche Formung sollten auch die Atome entstanden sein. Was aus ihren Synthesen hervorgegangen ist oder in späteren Äonen einmal hervorgeht, müßte ebenso wie sie selber als Produkt des ordnenden Wirkens der Gottheit gelten – den ewigen Urbildern gemäß. Eine Genesis von substantiell Neuem war damit nicht zugelassen. Alles sichtbare Werden in der Welt sollte sich in akzidentellen Veränderungen einer von Gott geformten Materie erschöpfen. Aber selbst für solche Veränderungen war – streng genommen – kein Platz in Platons idealistischer Kosmologie vorgesehen. Weder von unbeweglichen Ideen und ihren Nachbildungen noch von einer völlig passiv gedachten Materie konnten sie ihren Ausgang nehmen. Diese zuinnerst statische Weltauffassung bot keine Lösung des Problems, das Leukipp und Demokrit hinterlassen hatten: nämlich wie und wodurch die Bewegung stofflicher Elemente zu spezifisch bestimmten Einzeldingen führen kann.

II

Der von Leukipp begründete Atomismus und Platons starrer Ideenrealismus waren extreme Gebilde der philosophierenden Abstraktion. Sie verkörperten Positionen, die in ihrer Einseitigkeit eine rationale Naturerklärung unmöglich machten. Gleichwohl waren sie von höchster Bedeutung für das Schicksal der großen Philosophie des Abendlandes. Sie haben die Begriffe formuliert, die seit der Antike die Steine bilden, aus denen philosophisches Denken seine Weltsysteme zu errichten sucht. Der Wahrheit näher beim Aufbau eines solchen Systems stand Platon: er sah die zentrale Schwäche des materialistischen Entwurfs – aber nicht gesehen wurde von ihm das Unzulängliche seiner eigenen Kosmologie. Erkannt hat es Aristoteles – sein ebenso berühmter wie kritischer Schüler. Wohl stimmt er mit Platon darin überein, daß die Entstehung der sichtbaren Natur sich rein mechanisch nicht erklären läßt. Eine luzide Erklärung der Weltgenese ist auch für ihn nur denkbar auf der Basis einer Metaphysik. Zugleich aber konstatiert er: die Ideen, in denen Platon und seine Anhänger die Ursache der essentiellen Beschaffenheit empirischer Dinge erblicken, können nicht jenseits von Entitäten existieren, deren Formprinzip sie sein sollen[9]. Eine constitutio rerum wird möglich allein durch Wesenheiten, die den Dingen innewohnen. Doch auch diese Annahme wäre unzulänglich, solange den Wesenheiten die Fähigkeit zum principiare principiati abginge[10]. Um ihrer Funktion genügen zu können, durften sie nicht – wie die platonischen Ideen – bloße Imitationen des Prinzipiierten sein: keine »verewigten Sinnendinge«[11].

9 Aristoteles, Metaphysik 1033 b.
10 l.c. 1071 b.
11 l.c. 997 b.

Diese klare Distanzierung des Aristoteles von der Ideenlehre hätte für sein Philosophieren in einem eminenten Maße fruchtbar werden können, wenn sie zu der Überlegung geführt hätte, ob eine von tautologischem Denken freie Bestimmung metaphysischer Wesenheiten positiv überhaupt möglich ist. Es galt einerseits exakt die Methode zu prüfen, durch welche Platons tautologisch geratenen ideae rerum zustandegekommen waren, und andererseits zu untersuchen, wie die idealistische Tautologie von Grund und Begründetem zu durchbrechen wäre. Reflexionen solcher Art unterblieben jedoch. Aristoteles verzichtete auf sie in dem Glauben, daß nach Abzug dessen, was an einem Ding nicht für sich bestehen kann, des Akzidentellen an ihm, sein intelligibles Wesen aufleuchte. Es sollte dem menschlichen Verstand sich zeigen im abstrahierenden Übergang von der Mannigfaltigkeit veränderlicher Phänomene zu Regelmäßigkeit und Eidos. Das war – präzise – die Verfahrensweise metaphysischer Erkenntnis, die zu Platons unveränderlicher Ideenwelt geführt hatte: einem System klassifizierender Begriffe. Daraus erklärt sich, weshalb die angestrebte Begründung sinnlich wahrnehmbarer Einzeldinge durch intelligible Wesenheiten nicht bloß bei Aristoteles, sondern ebenso bei seinen mittelalterlichen Nachfolgern zur Subsumtion des Besonderen unter das Allgemeine entarten mußte. Wie in der platonischen Methexis reduziert auch in ihren Konstruktionen das Sein der empirischen Welt sich auf eine Hierarchie von genera und species: abstrakten Imitationen der Dinge. Das universale, ein Aspekt des Ganzen, wurde zum totum. Legitim erschien der aristotelischen Philosophie diese Aufspreizung des Allgemeinen zum Ganzen durch die Unbestimmtheit der Materie. Sie bleibt ihre einzige, sozusagen negative Eigenschaft. Das abstraktiv gewonnene Eidos soll – wie bei Platon – das Höhere, Wahrere und unveränderlich sein. Es wird in der Metaphysik des Aristoteles zur essentia rei, das heißt zum inneren Apriori der res singularis. Den von ihm propagierten Wesenheiten in den Dingen hätte – mehr noch als bei Platon – eine Welt entsprochen, in der es ein Werden nicht gibt. Ihr Werden widersprach ihrem Wesen: dem ins Innere der materiellen Dinge verlegten Abstraktionsbild von Gewordenem.

In der Entfaltung der europäischen Philosophie zum absoluten Idealismus ist die aristotelische Metaphysik, die den klassifizierenden Begriff zum inneren Wesen der Dinge erhebt, ein notwendiges Glied. Sie zieht die Konsequenz der platonischen Ideenlehre. Will Platon den empirischen Dingen ein Sein nur zugestehen durch Partizipation an den Ideen, so löst Aristoteles das Problem der Methexis, indem er die platonischen Ideen inkarniert. Die empirische Welt wird als Manifestation inkarnierter Ideen selber zum begrifflichen System. Damit geht Aristoteles in der Spiritualisierung der Natur über Platon hinaus. Die Natur an sich selber erlangt kein Ansehen, sondern ist, was sie ist, durch die Ideen als ihre inneren Prinzipien. Waren bei Platon materielle Natur und eidetische Welt noch radikal voneinander geschieden, so bestimmt ihr Verhältnis seit Aristoteles sich immer mehr als Tautologie. Schon für seine Metaphysik besteht das wahre Sein der erscheinenden Dinge in den allein erkennbaren formae rerum, den niederen und höheren Gattungen: Arten gründen in Gattungen, diese selbst wieder in entfernteren Gattungen[12]. Ihre oberste Spitze hat die Hierarchie der immer allgemeineren Seinsstufen in der alle Gattungen übersteigenden, vollendet wahren Einheit des göttlichen Seins[13]. Es ist frei von jeglicher Potentialität: reine Aktualität des aus sich existierenden Geistes. Seit Platon und Aristoteles verehrt in ihm die große europäische Philosophie das Absolute. Um

12 l.c. 998 b.
13 l.c. 1071 a.

wahrhaft das Absolute zu sein, war in reinem Sein – zusammen mit den formae rerum – auch das stoffliche Substrat der erscheinenden Natur zu fundieren. Auch der Ursprung der Materie mußte göttlich sein. In ihrer Nichtigkeit konnte sie nicht wie der in höchster Vollkommenheit existierende Gott ein ewiges Sein aus sich besitzen.

Diese für die Bildung idealistischer Weltsysteme notwendige Konsequenz aus Platon und Aristoteles vollzog der Neuplatonismus. Er macht die Materie zu dem, was sie in der Tradition des antiken Idealismus unausgesprochen schon war: zu einer Idee – der des Unbestimmten, das von sich aus eine »Form nicht hat«[14]. Die neuplatonische Metaphysik läßt die raumzeitliche Welt körperlicher Entitäten entstehen durch die gestaltende Einwirkung reiner Formen auf die unterste von ihnen: die Materie, die – als gestaltlose – keine Spuren ihres göttlichen Ursprungs mehr aufweist. Alle stofflichen Dinge resultieren aus Synthesen von solcher Form-Materie und Wesenheiten, die in genus proximum und differentia specifica ihre konstitutiven Bestandteile haben und akzidentelle Formen als ihr sichtbares Kleid tragen. Causa prima der Formen und ihres in Raum und Zeit erscheinenden Zusammentretens ist der über jeder Vielheit stehende Gott: das absolut Eine[15]. Nur die von ihm zur Vielheit führenden Stufen vermag menschliches Denken begrifflich zu fixieren. Nicht hingegen erkennt es die Art und Weise ihres Hervorgehens aus der je nächsthöheren Stufe. Eine lückenlose Darstellung, wie empirische Dinge aus absoluter Ein-

14 Aristoteles, Physik 207a.

15 Über die gesellschaftliche Bedeutung des Neuplatonismus in der Antike und im Mittelalter bietet Günther Mensching ausführliche Explikationen. Sein Buch über das Allgemeine und das Besondere zeigt in trefflichen Analysen die Vorgeschichte des modernen Denkens (G. Mensching, Das Allgemeine und das Besondere, Stuttgart 1992).

heit hervorgehen, hätte Ableitung des kontingenten Seins aus göttlichem Sein bedeutet. Deren enorme Schwierigkeit wurde bereits von Aristoteles gesehen. Davon zeugt seine Überlegung, ob eine göttliche Vernunft etwas zu denken vermöchte, das sie nicht selber wäre, ohne ihrer Vollkommenheit verlustig zu gehen. Denken von etwas Anderem wäre nämlich Bewegung von ihr hinweg – zu etwas Schlechterem. Aristoteles schloß daraus: göttliche Vernunft denkt nur sich selber; ihr Denken kann nur ein »Denken des Denkens« sein[16]. Aber den eigentlichen Kern des Problems hatte die aristotelische Fragestellung noch nicht berührt. Sie ließ unerörtert, ob ein Wesen, frei von jeglicher Kontingenz, also ein auf reine Identität eingeschränkter Gott, überhaupt etwas von sich Verschiedenes denken könnte oder dazu bereit wäre. Erst in der Metaphysik des Neuplatonismus ist dieser Gedanke zum Thema geworden. Wie kann, so fragt Plotin, die Mannigfaltigkeit der Weltdinge aus dem »einfachen Einen« kommen, da in diesem sich doch keinerlei Vielfältigkeit, keine Zusammenstückung von irgend etwas zeigt? Und er gibt – die Not zur Tugend verklärend – die orakelhafte Antwort: »Nun, ebendeshalb, weil nichts in ihm war, kann alles aus ihm kommen«[17]. An die Stelle rationaler Welterklärung tritt paradoxe Logik: causa prima aller intelligiblen und materiellen Gebilde ist das »einfache Eine« durch seine Leere. Sie erzeugt das Gegenstück zu seiner Unbeweglichkeit: schöpferische Bewegung. Darin ist schon das Modell von Hegels dialektischer Logik enthalten: Gott stößt sich von sich selber ab und läßt so Welt entstehen[18]. Der neuplatonische Ur-»Sprung« aus einem unergründbaren Ersten in

16 Aristoteles, Metaphysik 1074b.

17 Plotin, Enneades V,2,1. Übers. von R. Harder, Hamburg 1956, Bd. 1 der Schriften von Plotin, S. 239.

18 Vgl. hierzu G. W. F. Hegel, Wissenschaft der Logik, 1. Teil, WW IV, Stuttgart 1928, S. 87-98.

die Welt erkennbarer Phänomene bleibt bis in die Moderne das mystische Konstituens idealistischer Weltsysteme.

Die von Platon und Aristoteles begründete Metaphysik war eine theozentrische Seinslehre. Gott krönte eine Hierarchie von Wesenheiten, die alle Dinge – diesseitige wie jenseitige – in ihrem Sein konstituierten. In dieser Metaphysik, die Aurelius Augustinus im christlichen Abendland zu universaler Geltung brachte, war dunkel geblieben, ob und wie bei der völligen Unbestimmtheit der Materie, ihrer Nähe zum bloßen Nichts, stoffliche Einzeldinge überhaupt möglich seien. Gab es überhaupt so etwas wie körperliches Sein – und, wenn ja, wie? Die seit Platon und Aristoteles der Philosophie gestellte Frage haben Augustinus und seine Nachfolger streng idealistisch beantwortet: durch permanente Steigerung spirituellen Seins[19]. Ein gerader Weg führt zu dem Punkt, an dem im Mittelalter ein Problem ins Zentrum rücken mußte: was denn das primär und wahrhaft Reale wäre – die Einzeldinge, menschlicher Subjektivität unmittelbar gegeben, oder die Universalien, erkennbar allein durch Abstraktion vom Singulären? Auf jenem Wege signalisiert der entstehende Nominalismus eine neue Richtung. Für die neuplatonisch geprägte Metaphysik des frühen Mittelalters, zu deren Gegenpol er wird, war die Individualität etwas der res Äußerliches: eine Oberflächenbeschaffenheit. Ein individuelles Sein empirischer Dinge sollte in nichts weiter bestehen als in der Mannigfaltigkeit ihrer Akzidentien. Das Allgemeine war die sinnlich nicht wahrnehmbare substantia rerum: eine in allen Individuen einer Art identische Wesenheit. Über den Widerspruch, der entsteht, wenn einerseits abstrakte Allgemeinheit das sein soll, was

19 Vgl. K.H. Haag, Der Fortschritt in der Philosophie, Frankfurt am Main 1983, S. 37-40; Neuausgabe Frankfurt am Main 2005 (Humanities Online, 2. Aufl. 2018), S. 39-42.

die innere Substanz der Dinge ausmacht, andererseits aber doch nur konkrete Einzeldinge reale Existenz besitzen, hat diese Metaphysik nicht nachgedacht. Noch waren die negativen Konsequenzen, die sich aus einem solchen Denkmangel ergeben mußten, für sie nicht zum Problem geworden. Der Unterschied zwischen essentia und res wurde von ihr aber nicht bloß unbestimmt gelassen, sondern diese Unbestimmtheit auch noch dadurch verstärkt, daß sie die Individualität der Einzeldinge aus den Akzidentien zu erklären suchte: aus Bestimmungen, die vielen Dingen gemeinsam sind, also selber der Konkretion bedürften. Wenn der Wesenheit gegenüber dem Ding tatsächlich nichts fehlte als die Akzidentien, ließe sich die res durch Abstraktion von ihnen zur Wesenheit verkürzen. Umgekehrt kämen die Dinge zustande durch die bloße Hinzufügung von Akzidentien zu einer essentia. Die Wesenheit wäre so nur Wesenheit von sich selbst – vom Ding her betrachtet aber dessen abstrakte Imitation. In der Erkenntnis dieser doppelten Paradoxie hat der Nominalismus seine begriffliche Genesis. Er setzte den verdinglichten Universalien der Metaphysik das menschlichem Bewußtsein unmittelbar Gewisse und Seiende entgegen: den abstrakten Imitationen der res die res singulares. Ein objektives Sein sollten nur die wahrnehmbaren Einzeldinge besitzen, nicht die Universalien. Sie seien nichts anderes als Abbreviaturen von jenen: bloße Namen, die qualitativ oder quantitativ Verschiedenes klassifizieren. Als rein subjektive Begriffe basieren sie für den Nominalismus auf der vergleichenden Betrachtung einer Vielheit von Dingen. Deren Ähnlichkeit werde allein in den genera und species zum Ausdruck gebracht. Von ihnen, die ausschließlich Erzeugnisse des abstrahierenden Denkens seien, zu behaupten, auch sie seien Realität, sei unzulässig. Was der realistischen Metaphysik entging, war jedoch nur: daß für die begriffliche Konstitution des universale, in dem sie die essentia rei zu erkennen wähnte, die Abstraktion von den individuellen Bestimmungen der Dinge bedeutsam ist. Dies wird im Nominalismus einfach umgekehrt: Abstraktion soll der einzige Entstehungsgrund für genera und species sein. Der hierarchische Stufenbau metaphysischer Wesenheiten reduziert sich auf die Tätigkeit des Abstrahierens. Selbst der Begriff des reinen Seins, der seit der Antike das Wesen des Göttlichen bezeichnet hatte, verdünnt sich bis zum ens rationis. Die nominalistische Philosophie will in ihm nur das erblicken, was übrigbleibt, wenn von allem Besonderen abgesehen und einzig das festgehalten wird, worin alle entia übereinstimmen: nämlich daß sie Seiende sind und nicht einfach nichts. Ein Gottesglaube, der seit vielen Jahrhunderten auf Metaphysik gegründet war, mußte so zum Gegenstand des Zweifels und der Diskussion werden. Damit wurde es, wie Anselm von Canterbury erkannte, notwendig, gegen die Nominalisten ein objektives Dasein des göttlichen ipsum esse zu beweisen. Eine unwiderlegliche Argumentation war zur Voraussetzung geworden für absolute Gewißheit über Gott: die essentia essentiarum. Sie ist für Anselm die vollkommenste aller Wesenheiten: etwas, worüber hinaus Größeres sich nicht denken läßt[20]. Das könnte sie nicht sein, wenn zu ihren Vollkommenheiten nicht auch die Existenz gehörte. Daraus hat Anselm den Schluß gezogen: Gott existiert. Sein scheinbar selbstverständlicher Ausgang von einer essentia divina, etwas größer nicht Denkbarem, supponiert als objektive Gegebenheit, was der Nominalismus ins Subjekt verlegt hatte: metaphysische ideae rerum. Nur als die Spitze ihrer Hierarchie ist der Begriff eines vollkommensten Wesens sinnvoll. Ohne die metaphysische Seinsordnung des Realismus, die gegen den nominalistischen Zweifel neu zu begründen war, erlischt für ein rationales Denken der logi-

20 Anselm von Canterbury, Proslogion, c.2, P.L. 158.

sche Zwang, in Richtung auf ein schlechthin Vollkommenes fortzuschreiten. Von seiner verbliebenen Autorität zehrt der als ontologischer Gottesbeweis berühmt gewordene Schluß des Anselm vom Wesen auf die Existenz des Göttlichen.

Die nominalistische Kritik am Realismus hatte die Universalien aus den Dingen entfernt und sie konstitutiven Leistungen des menschlichen Subjekts zugeschrieben. Daß es in den Sachen selbst etwas geben muß, das Vergleiche erlaubt und so vom Singulären abstrahieren läßt, übersah der Nominalismus. In seiner Erkenntnistheorie bleiben die allgemeinen Begriffe im selben Maße mit den Dingen unvermittelt, wie sie im metaphysischen Realismus unreflektiert, nicht mit dem Subjekt vermittelt sind. Die realistische Form des Denkens wurzelte in der naiven Überzeugung, daß empirisch Gegebenes im einfachen Absehen von seiner individuellen Beschaffenheit bereits sein Wesen zeige. Aber auch das Denken im Nominalismus muß als ein Glauben verstanden werden – ein Glauben freilich im umgekehrten Sinne: in der Form eines blinden Vertrauens darauf, daß subjektive Begriffe, worunter der Nominalismus besonders die Universalien rechnen wollte, Gegenständen der Außenwelt zuverlässig entsprechen können. Gegenüber diesen diametral entgegengesetzten Formen des Denkens, deren Konkurrenz um eine ausschließliche Alleingeltung letzten Endes auf ihre Überwindung hintendierte, begreift die mittelalterliche Philosophie auf ihrem geistigen Höhepunkt, den sie in Thomas von Aquin erreichte, daß das, was existiert, sowenig in reiner Allgemeinheit sich erschöpft wie andererseits in reiner Singularität.

Omne ens est verum: jedes ens naturale besitzt durch seine forma substantialis innere Luzidität, veritas ontologica, welche Seiendes in sich selber erkennbar macht. Dessen substantielle Wesensform gründet in Gottes eigener Wesenheit und ist durch die göttliche Weltschöpfung empirischen Einzeldingen inkarniert. Aus diesen zentralen Gedanken seiner Metaphysik entspringt für Thomas von Aquin ein Zweifaches: restlose Erkennbarkeit ihres substantiellen Seins eignet jeder res creata vermöge ihrer göttlichen Herkunft – jedoch nicht für den leibgebundenen Verstand der Menschen, der endlich ist und in keiner unmittelbaren Beziehung zu Gott steht. Er bedarf irdischer Medien für den Zugang zu dem in der essentia divina Gegründeten. Solche Medien sind die Basis auch seiner Erhebung zu Gott selber: Grundlage seines Wissens, daß ein Gott existiert. Diese gnoseologischen Erwägungen ließen Thomas von Aquin den Versuch des Anselm von Canterbury, rein apriorisch aus dem Begriff auf das Dasein eines Gottes zu schließen, verwerfen. Thomas hält Anselm entgegen: selbst wenn von jedermann zugegeben würde, daß unter dem Ausdruck »Gott« ein Wesen zu verstehen sei, über das hinaus nichts Größeres gedacht werden kann, so folgt daraus noch nicht, daß man dieses durch den Namen »Gott« bezeichnete Wesen auch als wirklich seiend erkenne, sondern nur, daß es sich im menschlichen Denken findet[21]. Der Nachweis, daß jenem Wesen objektive Wirklichkeit zukommen müsse, weil es ohne Existenz nicht das denkbar Größte wäre, kann nach Thomas einzig und allein von der sinnlich wahrnehmbaren Welt her erbracht werden. Aus ihrer Analyse müsse sich ergeben, daß ihr Vorhandensein ein Wesen zur Voraussetzung hat, welches durch sich selbst existiert. Thomas erstrebt im Ausgang von empirischen Tatsachen einen Aufstieg zu Gott, der vor kritischer Vernunft bestehen kann. Selbst für ein nominalistisches Denken sollte diese Verbindung von empirischer Welt und Gott unabweisbar sein. Das Hauptargument entwickelt Thomas in dem Beweis, der seit Kant unter dem Namen »kosmologischer Beweis« bekannt geworden ist. Es heißt da: alle vergänglichen Dinge

21 Thomas von Aquin, Sum. theol. I, q.2, a.1, ad 2.

können ebensogut sein wie auch nicht sein. Sie bedürfen also für ihr Dasein wie für ihr Erscheinen zureichender Gründe. Ein solcher, wahrhaft zureichender Grund kann nur eine Entität sein, die selbst nicht der Dimension von Entstehen und Vergehen angehört. Folglich muß es ein Seiendes geben, das durch sich selber möglich und wirklich ist. Dieses mit innerer Notwendigkeit existierende Seiende meinen alle Philosophen und Theologen, wenn sie von »Gott« sprechen[22]. Daß seine Konklusion auf ein ens necessarium Beweiskraft besitzt, folgert Thomas aus der Prämisse seiner Argumentation: nicht einmal die Nominalisten bestreiten, daß es die entstehenden und vergehenden Weltdinge gibt. Selbst unter der Annahme, daß diese Weltdinge ins Unendliche vermehrbar wären, blieben sie doch immerfort zufällige Entitäten: Existenz ist kein Bestandteil ihres Wesens. Nur weil ihr Wesen ihr Dasein nicht einschließt, also nicht durch sich selbst existiert, kann ihnen ein Entstehen und Vergehen zukommen. Kontingenz im Verhältnis von Wesenheit und Dasein der empirischen Dinge ist so – nach der Erkenntnis des heiligen Thomas – die ontologische Grundlage eines rationalen Aufstiegs von der Welt zu einem göttlichen creator mundi[23]. Daraus folgt aber: der kosmologische Beweis steht und fällt mit der realistischen Annahme metaphysischer Wesenheiten – einer Annahme, deren Berechtigung die Nominalisten ausdrücklich bestritten haben. Mißlänge die Bekräftigung jener Annahme, so würde der kosmologische Beweis sich in ein Gedankenspiel auflösen – wie der ontologische.

Die sachliche Notwendigkeit einer Annahme metaphysischer Wesenheiten hätte Thomas zeigen können durch eine Auseinandersetzung mit der von Leukipp und Demokrit begründeten und von Platon und Aristoteles verworfenen

22 l.c. I, q.2, a.3, c.
23 l.c. I, q.3, a.4, c.

atomistischen Naturerklärung. Sie mußte höchste Bedeutung erlangen für jede nominalistische Weltauffassung. Gleichwohl hat Thomas eine Auseinandersetzung mit der Kosmologie des Leukipp und Demokrit ebenso unterlassen wie ein Nachdenken über die adäquate Erkenntnisart metaphysischer Wesenheiten. Zu solchem Nachdenken wäre bereits Aristoteles durch seine Kritik an der platonischen Ideenlehre genötigt gewesen. Wie bei ihm aber fehlen auch bei seinem getreuen Nachfahren Thomas Überlegungen zu einer Methode, die den kognitiven Zielen von Metaphysik entsprochen hätte. Aristotelisch geht Thomas aus von dem, was die Sinne dem menschlichen Intellekt unmittelbar darbieten: dem aus Empfindungen resultierenden Abbild materieller Körper – der »species sensibilis«. An ihm vollzieht der Verstand seine Scheidung des Wesentlichen vom Unwesentlichen. Das Ergebnis dieser Scheidung ist die »species intelligibilis«[24]. Sie ist das geistige Abbild einer Sache extra animam, das seinen Platz innerhalb des Bewußtseins hat. Der inhaltliche Unterschied zwischen sinnlicher und geistiger Erkenntnis liegt in der Art, wie sie ihren Gegenstand abbilden: was die Sinne unmittelbar, als Einzelnes, in stofflicher Konkretion wahrnehmen, das erkennt der Verstand abstrakt, unstofflich, als ein Allgemeines[25]. Dies vom Intellekt entmaterialisierte Einzelne nennt Thomas die »essentia vel natura« eines ens materiale. Sie hat ihren begrifflichen Inhalt in den »principia definientia« seiner »species«[26]. Für die per definitionem hominis bezeichnete essentia humana wären animalitas und rationalitas jene inhaltlichen Faktoren. Sie beständen für die essentia jedweder res in genus proximum und differentia specifica[27]. In der substantiellen Einheit

24 l.c. I, q.85, a.1, ad 1.
25 l.c. I, q.86, a.1, ad 4.
26 l.c. I, q.3, a.3, c.
27 Thomas von Aquin, De ente et essentia, II und III.

von beiden glaubte Thomas von Aquin, die den empirischen Einzeldingen immanente Wesenheit gefunden zu haben. Die abstraktive Scheidung der Wesenheiten von ihrer sinnlichen Erscheinung enthüllt Gottes ewige Schöpfungsgedanken: die in seinem eigenen Wesen gegründeten ideae rerum[28]. In ihnen ist der seit Platon und Aristoteles herrschende Begriff metaphysischer Wesensformen festgehalten – die bekannte ontologische Position, die auf ein gnoseologisches Pseudos zurückgeht: positive Wesenserkenntnis durch abstrakte Imitation stofflicher Einzeldinge.

Die höchste Stufe einer positiven Wesenserkenntnis war für Thomas von Aquin die Erkenntnis des göttlichen Wesens: der essentia essentiarum. Totales Absehen von der äußeren und inneren Beschaffenheit der Weltdinge sollte im Begriff des reinen Seins zum transzendenten Ursprung alles Seienden führen. Im Dienste solcher Abstraktion stand der kosmologische Beweis: als Demonstration ihrer Anwendbarkeit. Er forderte zur Erklärung des Daseins der Weltdinge die Existenz eines Wesens, das – im Gegensatz zu ihnen – befreit wäre von jeglicher Kontingenz. Dieser Abgrenzung gegen das Bedingte hat Thomas ein positives Merkmal seines Gottes hinzugefügt: er ist ihm nicht wie die Weltdinge eine aus Wesenheit und Dasein zusammengesetzte Entität, sondern reine Wirklichkeit – ein ewiges »ipsum esse«[29]. Aus solcher Charakteristik erwachsen Gott die Attribute,

28 Thomas von Aquin, Sum. theol. I, q.15, a.1, c.

29 Thomas von Aquin, De ente et essentia, VI. – Prinzipien einer negativen Theologie hat Thomas weder zu formulieren noch gar zu explizieren versucht. Zwar findet sich in seinem Hauptwerk der Satz: »Wir können von Gott nicht wissen, was er ist, sondern nur, was er nicht ist« (Sum. theol. I, q.3, prologus). Bei der Bestimmung dessen, was Gott nicht ist, aber intendierte Thomas durch Negation alles Kontingenten einen affirmativen Begriff der Gottheit.

in denen seit den Anfängen der abendländischen Metaphysik seine Erhabenheit über alles Entstehen und Vergehen gesehen wird: absolute Einfachheit und absolute Unveränderlichkeit[30]. Ob aber ein so gedachter Gott imstande wäre, etwas hervorzubringen, das verschieden von ihm sein mußte, ließ Thomas – im Gegensatz zu Plotin – unerörtert. Wohl hat er dem göttlichen »ipsum esse« die Fähigkeit schöpferischen Denkens und Wollens von Weltdingen zugeordnet. Diese Eigenschaften sinken jedoch zu bloßen Postulaten herab, wenn ihr Subjekt auf eine Weise fixiert wird, die ein Denken und Wollen von etwas ihm gegenüber Anderem unmöglich macht: nämlich als reines und insofern unveränderliches Sein. Der göttlicher Schöpfermacht widerstreitende Zustand einer Wandlungsunfähigkeit zwingt Thomas, den christlichen Begriff der »creatio« in den neuplatonischen einer »emanatio« zu transformieren. Die Weltschöpfung ist für ihn das »Ausströmen« alles Seienden aus Gott[31]. Thomas hat diese Akzentverschiebung damit gerechtfertigt, daß die absolute Verschiedenheit Gottes von allem Geschöpflichen seine absolute Einfachheit zur Voraussetzung hätte. Limitiert auf reine Identität aber steht Gott nicht transzendent zur Welt: er ist so kein ens a se, sondern die Konstruktion eines lediglich hypothetischen Gegenbegriffs zur kosmischen Mannigfaltigkeit – ein ens rationis.

Das Problem, an dem die thomistische Gotteslehre scheitert, ist die alte Frage nach einer adäquaten Bestimmung des metaphysischen Grundes von Seiendem. Aus der Hypostasis des abstrakten Seins als des allgemeinsten Aspekts stofflicher Entitäten erwächst noch kein metaphysischer Weltgrund: kein Gott. Ebenso werden empirische Dinge durch Abstraktion von ihrer individuellen Erscheinung noch nicht

30 Thomas von Aquin, Sum. theol. I, q.3, a.2-7 und q.9.

31 l.c. I, q.45, a.1, c.

metaphysische Formen. Wie Aristoteles gelingt auch dem Aquinaten nicht der Nachweis, daß sie aufhören, Dinge zu sein. Die metaphysischen Wesensformen manifestieren in der Geformtheit materieller Gebilde zwar ihr konstitutives Vorhandensein – nicht aber ihr Ansichsein. Was sie an sich selber sind, ist an ihren principiata nicht ablesbar: weder via abstractionis noch durch eine andere Methode menschlicher cognitio rerum. Das ist von Thomas so wenig begriffen worden wie von Aristoteles – der für ihn höchsten philosophischen Autorität. Die thomistische Metaphysik ist ein Zwitter: Universalienrealismus und Universaliennominalismus zugleich – statt deren Überwindung. Jener impliziert diesen: ist nämlich die erscheinende res nur durch ihre Stofflichkeit von der essentia unterschieden, die essentia also nur die ihrer stofflichen Hülle entkleidete res, so ergibt sich die nominalistische Konsequenz, daß die essentia rei bloßer flatus vocis sei. Die von Platon und Aristoteles begründete Metaphysik verliert seit Wilhelm von Ockham, der auf dieser Konsequenz am nachhaltigsten insistierte, ihren traditionellen Gegenstand: er entschwindet ins Irreale. Der Nominalismus konnte zur herrschenden Philosophie in Europa werden. Er ist die erste und grundlegende Weltauffassung der beginnenden Neuzeit.

Das metaphysische Verhältnis von Wesen und Ding, essentia communis und res singularis, hat durch die nominalistischen Philosophen eine radikale Umgestaltung erfahren. Es wurde von ihnen übersetzt in das moderne Verhältnis von subjektivem Begriff und Phänomen ohne intelligibles Ansichsein. Sie vollzogen diese Umgestaltung, weil sie erkannten, daß die essentiae rerum der alten Metaphysik bloße Abbreviaturen der Dinge sind. Aber sie unterließen es, schicksalhaft für alle weitere Philosophie, von der Erkenntnis des Falschen zur Reflexion auf das fortzuschreiten, was in jenen »Wesenheiten« mitgedacht war: eine ontologische

Grundlage der res naturales. Deren generische und spezifische Eigenheiten basieren auf metaphysischen Wesenheiten, die jedoch nur durch eine indirekte Erkenntnis zu erschließen sind: durch den Gedanken, daß begrifflich faßbare Attribute erscheinender Dinge nicht in reinem Nichts fundiert sein können, also eines Grundes bedürfen, der konstitutiv ist für die Logizität von Seiendem. Mehr als die Notwendigkeit eines solchen Grundes vermag menschliche Vernunft über das metaphysische Wesen empirischer Dinge nicht zu ermitteln. Dessen inhaltliche Fixierung ist ihr versagt: sie kann nicht eindringen in die göttliche essentia essentiarum – den Bereich des transzendenten Ursprungs endlicher Entitäten. Diese negative Seite an metaphysischer Erkenntnis läßt Metaphysik nur als negative Metaphysik zu. Weil der Nominalismus die Alternative einer negativen Metaphysik verfehlte, gelangte er zu einer gleich unbrauchbaren Konzeption der res wie die von ihm bekämpfte via antiqua. Diese war einer Tautologie im Verhältnis von essentia und res verfallen. Das auf ein abstraktes Nachbild der res reduzierte Wesen schloß jede rationale Erklärung der Möglichkeit von Einzeldingen aus. Umgekehrt läßt auch die nominalistische Verneinung metaphysischer Wesenheiten die erscheinende Natur unerklärt: sie ist der prinzipielle Verzicht auf Ontologie. Der neue Ausgangspunkt war ein Chaos bloßer Einmaligkeiten. Erst das vergleichende und koordinierende Denken menschlicher Subjekte, die nicht weniger als ihre Objekte ausgehöhlte Monaden darstellen, gliedert sie – nachträglich – in begriffliche Ordnungen: in genera und species. Diese Gliederung verfährt nach Art einer creatio ex nihilo: wo Entitäten von sich aus keine generische und spezifische Bestimmtheit aufweisen, werden sie durch Vergleichung und Koordinierung zu Elementen von Systemen gemacht. Das principium vitale des nominalistischen Denkens ist als ein Sprung anzusehen. Er setzt in zusammenhangloser Vielheit an und landet plötzlich in der Welt rationaler Zusammenhänge. Eine solche Gnoseologie mußte tiefe Unsicherheit erzeugen: die Vorstellung, daß ohne Gottes Hilfe menschliches Denken ständiger Täuschung über Dasein und Sosein der empirischen Dinge verfallen könnte. Doch ein helfender Gott – gab es den? Bestand Gewißheit wenigstens über die Existenz eines göttlichen Wesens?

III

Die Überwindung dieser Ungewißheiten war die zentrale Aufgabe, vor die – von Descartes an – die Metaphysik der Neuzeit sich gestellt sah. Descartes wollte im Ausgang vom Subjekt, auf dessen Tätigkeit der Nominalismus die essentiae rerum der via antiqua zurückgeführt hatte, ein sicheres Wissen gewinnen über Gott und Welt. Für solches Wissen suchte er ein Wahrheitskriterium. Das denkende Subjekt sollte in seinen ideae rerum nicht Fiktionen zum Gegenstand haben. Diese Intention auf Einheit des Subjektiven und Objektiven hätte ihre adäquate Erfüllung finden können durch eine kritische Auseinandersetzung mit der seit Aristoteles immer wieder diskutierten Frage nach dem wahren Charakter der Universalien. Gefordert zur Rechtfertigung der eigenen Position vor der bisherigen Philosophie war die Erkenntnis, was an der realistischen und der nominalistischen Doktrin richtig, was falsch wäre. Wo Descartes, durch genaue Analyse der beiden Hauptrichtungen der abendländischen Philosophie, einen legitimen Standort hätte gewinnen müssen, übernahm er ungeprüft die nominalistische Bestimmung der Universalien. Sie bleiben auch für ihn bloße Namen, um Einzeldinge, die einander ähnlich sind, zusammenzufassen. Gattungen und Arten sollen einzig aus Vergleichen zwischen singulären Dingen und der Abstraktion von ihren Besonderheiten resultieren[32]. Durch eine solche oder eine analoge Gründung aller Universalien auf menschliches Denken aber wird Descartes genötigt, unter nominalistischen Bedingungen den Nachweis zu erbringen, daß der geistigen Welt der ideae rerum eine materielle Welt korrespondiert. Das erkenntnistheoretische Ziel seines Philosophierens ist ein unbezweifelbares Wissen von der Übereinstimmung der beiden Sphären: der Ausschluß einer jeden Täuschung über das, was klar und eindeutig als Wirklichkeit erkannt wird. Für die Erreichung jenes Zieles brauchte Descartes einen festen Punkt, von dem er ausgehen konnte: eine Wahrheit, an der kein Zweifel möglich wäre. Die aber gab es weder im Bereich menschlicher Wahrnehmung noch unter den Erkenntnissen des menschlichen Verstandes. Hier wie dort war stets mit Täuschungen zu rechnen – sei es durch falsche Beobachtungen oder durch falsche Axiome oder auch durch falsche Schlüsse aus wie immer gearteten Prämissen. Wenn jedoch menschlicher Geist in allen Dimensionen seiner Tätigkeit Irrtümern verfallen konnte, wie war dann eine zweifelsfreie Wahrheit überhaupt auszumachen: etwas Unumstößliches, von dem aus ein Weg ins Reich absoluter Gewißheit führen würde? Auf die bängliche Frage findet Descartes die verblüffende Antwort: der Weg aus dem Zweifel ist der Zweifel selber. Konkret hieß das für ihn: schlechthin alles kann von menschlichem Denken bezweifelt werden, mit der einzigen Ausnahme, daß es augenblicklich mit Zweifeln beschäftigt ist und daß es in diesen Akten des Zweifelns selbst existiert[33]. Der vermeintlich totale Zweifel hat seine Grenze an dem Prinzip des Widerspruchs: der logischen Unmöglichkeit, die Nichtexistenz

32 Descartes, Die Prinzipien der Philosophie, 1. Teil, Nr. 59.
33 l.c., 1. Teil, Nr. 5-11.

eines Seienden, das denkt, für den Zeitpunkt zu behaupten, in dem es denkt[34]. Deshalb machte Descartes das Ich aus dem Satz: »Ich denke, also bin ich«, der ihm unbezweifelbar schien, zur Basis eines Gott und Welt umfassenden Systems der Philosophie.

Das Ich ist nur seiner selbst gewiß – nicht aber der körperlichen Welt. Die Gewißheit über ihre Existenz konnte nicht in der Weise erreicht werden, die zur Selbstgewißheit des Ichs geführt hatte: nicht im Medium reinen Denkens verbleibend. Ausgangspunkt der philosophischen Spekulation mußte vielmehr das sein, was menschliches Bewußtsein von den körperlichen Dingen in sich vorfand: ideae rerum. Von ihnen her sollte sich Gewißheit über die Existenz oder Nichtexistenz äußerer Entitäten erlangen lassen. Dazu war klare und eindeutige Erkenntnis vom Ursprung der ideae rerum nötig. Dem menschlichen Ich selber wohnte zwar die Tendenz inne, seine ideae et imagines rerum ursächlich auf eine äußere Wirklichkeit zu beziehen. In sich gewahrte es Ideen oder Bilder, die gewissen außerhalb von ihm vorgefundenen Sachen ähnlich oder gleichartig schienen. Eine derartige Harmonie von Innerem und Äußerem war ihm Beweis dafür, daß die materiellen Dinge – durch seine Akte sinnlicher Wahrnehmung – ihm Bilder zuschickten. Diese räumlich gedachte Erkenntnistheorie hatte allerdings einen fundamentalen Mangel: sie gründete auf einer unreflektierten Neigung der Menschen, an die Existenz äußerer Dinge zu glauben. Solch instinktiver Drang zum Objektiven enthielt – im Unterschied zur Selbstgewißheit des Ichs – kein Zeugnis der eigenen Wahrheit. Präziser gesprochen: statt eine reale Außenwelt zu bezeugen, könnte er die falsch gelenkte Neigung von Subjekten sein, die – unbewußt – rein aus sich wahnhafte ideae rerum produziert hätten, von denen

34 l.c., 1. Teil, Nr. 7.

sie meinten, materielle Dinge wären deren Ursache[35]. Der Einwand stammt von Descartes selbst. In ihm werden die Konsequenzen einer nominalistischen Bestimmung der Universalien sichtbar. Wenn nämlich die ideae rerum nur Modi menschlichen Denkens sind und allein durch sie auf körperliche Dinge geschlossen wird, was kann einen Philosophen dann noch hindern, zu einem radikal subjektiven Idealismus fortzuschreiten? Die cartesianische Antwort war eindeutig: neben allem Zweifel erhält sich ein tiefes Vertrauen in die Objektivität menschlicher Erkenntnis. Wie schon der Nominalismus vor ihm folgt Descartes nicht der Logik des philosophischen Gedankens, sondern einer Denkweise des gemeinen Alltags. Gegenüber seinen Vorgängern weiß er jedoch, daß eine Berufung auf naturhafte Tendenzen der Menschen einer Rechtfertigung bedarf: der Legitimation durch das höchste Kriterium für Wahrheit – Gott: er ist der Schöpfer aller kontingenten Dinge.

Eine Selbsttäuschung der Menschen durch ihre Neigung, die Realität körperlicher Gebilde anzunehmen, obgleich es res extensae eigentlich gar nicht gibt, hieße behaupten, daß Gott, die causa prima auch der menschlichen Neigungen, diese Täuschung gewollt hätte. Das aber wäre unvereinbar mit seiner absoluten Wahrhaftigkeit, die – der ganzen abendländischen Tradition nach – Bestandteil seiner Vollkommenheit sein muß. Völlig sicheres Wissen, daß er, der Garant für das Vorhandensein der Außenwelt, nicht selber eine Fiktion sei, war also gefordert. Einen kosmologischen Gottesbeweis, der von einer Welt kontingenter Dinge ausgeht, um aus ihrem Dasein auf die Existenz einer göttlichen Ursache zu schließen, konnte Descartes nicht mehr führen. Gerade die existentia mundi entbehrte der Gewißheit. Sein

35 Descartes, Meditationen über die erste Philosophie, 3. Med., Nr. 2-12.

nominalistischer Standort zwingt Descartes, erneut von dem auszugehen, was die ihrer selbst gewisse Subjektivität in sich vorfindet: der Idee des Göttlichen. Wie er nach der Ursache der ideae et imagines rerum gefragt hatte, so mußte er auch die Herkunft der idea Dei im menschlichen Bewußtsein erforschen. Die theoretische Grundlage seiner Reflexionen ist ein altehrwürdiges Axiom wissenschaftlicher Erkenntnis: der Kausalsatz, daß keine Wirkung mehr Realität enthalten könne als ihre Ursache. Aus ihm folgerte Descartes: weil die Idee eines unendlich vollkommenen Seins endliches Denken unendlich übersteigt, muß jenes ens perfectissimum seine eigene Idee selber im menschlichen Bewußtsein hervorgebracht haben. Daher stehe fest, daß Gott existiert: als einer allwissenden und allmächtigen Entität widerstreitet es seiner Vollkommenheit, die Menschen in ihrer Suche nach Gewißheit über das Sein oder Nichtsein der Körperwelt zu täuschen[36]. Mit anderen Worten: Gott hat allen Menschen den Glauben eingepflanzt, daß ihre ideae rerum von körperlichen Dingen herrühren. Hätten sie einen anderen Ursprung, so müßte Gott ein Betrüger sein. Für Gott aber sind betrügerische Handlungen essentiell unmöglich. Seine absolute Vollkommenheit schließt Akte aus, die mangelhaft sind. Aus dieser logischen Konklusion leitet Descartes ein definitives Urteil ab: es existiert eine Welt materieller Körper und ebenso alles das an ihnen, was menschlicher Geist klar und deutlich erkennt[37].

Descartes hat nur die Unmöglichkeit einer Täuschung der Menschen durch Gott postuliert. Was seinen Meditationen über die existentia et perfectio Dei entging, war die Möglichkeit einer Selbsttäuschung des philosophierenden Denkens. Sie bestand in der Gleichsetzung des menschlichen Gedan-

36 l.c., 3. Med., Nr. 13-38.
37 l.c., 6. Med., Nr. 10.

kens von einem ens perfectissimum mit diesem selber. Wohl ist es für Menschen unmöglich, von Gott eine Idee zu bilden, die Auskunft gäbe über sein Wesen: das also, was er zuinnerst ist. Nicht unmöglich ist dagegen für sie die Konstruktion einer Gottesidee durch bloßes Abstrahieren von den Unvollkommenheiten endlicher Dinge. Ein Denken, das im Weglassen sich erschöpft, ergibt den cartesianischen Gott. Nicht weniger als bei Aristoteles oder bei Thomas von Aquin entsteht auch bei Descartes die Vollkommenheit göttlichen Seins aus der Entgegensetzung zu den in Teile auflösbaren und darum vergänglichen Dingen. Auch sein ens perfectissimum ist ein Reflexionsbegriff: absolute Einheit von reinem Geist und reinem Willen[38]. Je mehr ein Seiendes der Welt materieller Prozesse entrückt wäre, desto vollkommener erschien es auch ihm. In der göttlichen Spitze der Hierarchie wollte Descartes eine von jeglichen Bewegungen freie Entität erkennen. Sie allein hielt er für eine Substanz im strengen Sinne: für ein Ding, das so existiert, daß es zu seiner Existenz keines anderen Dinges bedarf[39]. Direkt unterhalb der Gottheit rangierte das menschliche Ich, bezeichnet als die res cogitans, die eine verkleinerte Form des ens perfectissimum darstellt. Wie der Gott, dessen Idee sie in sich trägt, sollte sie reiner Geist sein: ausschließlich ein denkendes Etwas[40]. Verschieden vom Deus aeternus und ihm gegenüber niederen Ranges ist sie durch ihre stets kontingente Dauer. Der Augenblick, in welchem sie existiert, enthält weder frühere noch spätere Augenblicke ihres Daseins. So kann ihre Existenz in jedem Augenblick enden – beginnen und von Augenblick zu Augenblick fortdauern aber nur vermöge einer schöpferischen Einwirkung jenes Seienden, das selbst

38 Descartes, Die Prinzipien der Philosophie, 1. Teil, Nr. 23.

39 l.c., 1. Teil, Nr. 51.

40 Descartes, Meditationen über die erste Philosophie, 6. Med., Nr. 9; Von der Methode, 4. Teil, Nr. 2.

niemandem seine Existenz verdankt: also Gott ist[41]. Für die Körperwelt hat Descartes eine dem menschlichen Ich analoge Form des Existierens angenommen. Die res extensae stehen durch ihre zeitlich und räumlich begrenzte Existenz auf der untersten Stufe des Seins. Sie sind Gott, der substantia infinita, am fernsten. Wenn für Descartes nur das Ding eine Substanz ist, das ursachlos aus sich selbst existiert, dann durfte es außer Gott keine anderen Substanzen geben. Dennoch hat er auch die menschliche res cogitans und sogar die körperlichen Dinge als Substanzen verstanden sehen wollen. Warum aber?

Das leitende Motiv seiner Forderung ist komplex und widerspruchsvoll. Am klarsten tritt es hervor in der folgenden Überlegung: res cogitans und res extensa müssen Substanzen sein, weil ihre Attribute, Denken und Ausdehnung, nicht für sich allein bestehen könnten, sondern jeweils eines Trägers bedürfen[42]. Dieses Argument entstammt einer Philosophie, mit der Descartes ausdrücklich gebrochen hatte: der antiken und mittelalterlichen Metaphysik. Auch für sie wäre die Vorstellung von subjektlosen – sozusagen freischwebenden – Eigenschaften absurd gewesen. In diametralem Gegensatz zu Descartes war jedoch die via antiqua bei der Fixierung der Substanzidee nicht sowohl von dem Begriff eines ursachlosen Dinges als vielmehr von Gegenständen ausgegangen, die insgesamt in kausalen Zusammenhängen stehen: Objekten sinnlicher Wahrnehmung. Ursachlosigkeit ist weder für Aristoteles noch für Thomas von Aquin ein Kennzeichen der Substantialität irgendwelcher Dinge. Für sie ist Substanz lediglich ein Ding, das nicht ein anderes als seinen Träger voraussetzt: una res cui convenit esse non in subiecto[43]. Das esse in subiecto kommt den Akzidentien zu:

41 Descartes, Die Prinzipien der Philosophie, 1. Teil, Nr. 21.
42 l.c., 1. Teil, Nr. 52.
43 Thomas von Aquin, Summa contra Gentes, I, 25.

den quantitativen und qualitativen Bestimmungen eines in se – nicht, wie Descartes meint, a se – existierenden Dinges. Dieses existere in se besagt: dank ihrer metaphysischen Wesenheit ist jede res existens ein selbständiges, autonomes Sein. Einer solchen res widerspricht es nicht, wenn sie Geschöpf, in letzter Instanz also von einer göttlichen causa prima erschaffen ist. Ihre kausale Abhängigkeit von einem creator mundi beeinträchtigt nicht ihre Substantialität. Vielmehr herrscht in der Freiheit von einem subiectum inhaesionis völlige Übereinstimmung zwischen Gott und Geschöpf. Der zentrale Unterschied der beiden liegt im Modus ihres Ursprungs: Gott ist ens a se, jedes Geschöpf ein ens ab alio[44]. Durch ihr existere in se besitzt die erschaffene Substanz ontologische Priorität gegenüber ihren Akzidentien – aber in der Reihenfolge des Erkennens ist sie das Resultat eines Schlusses aus ihnen: den unmittelbar bekannten Attributen von Einzeldingen. Deren spezifische Beschaffenheit ließ die Philosophen der via antiqua auf eine metaphysische Grundlage schließen: das intelligible Wesen sinnlich wahrnehmbarer Entitäten. Durch Abstraktion vom sinnlich Wahrnehmbaren sollte es positiv zu bestimmen sein. Die antike und auch noch die mittelalterliche Metaphysik hatten nicht gemerkt, daß dieser Weg lediglich zu einer Verdoppelung führt: die abstrakte Imitation des unmittelbar Gegebenen wurde für dessen innere Wesenheit genommen. Ihre falsche Bestimmung verdeckt die richtige Einsicht, von der sie getragen war: die Einsicht in die Notwendigkeit einer ontologischen Grundlage der Eigenschaften natürlicher Dinge. Das heißt: einem natürlichen Ding können nur Eigenschaften zukommen, auf die es durch sein intelligibles Wesen hingeordnet ist. Sie wurzeln in seiner Essenz und dienen seiner Manifestation in Raum und Zeit. Folgerichtig ist für Thomas von Aquin

44 Vgl. hierzu Thomas von Aquin, De ente et essentia, I.

ebenso wie schon für Aristoteles die Wesenheit, welche ein »selbständiges Eines« konstituiert, der innerste Kern einer Substantialität von »in se« existierenden Dingen[45]. Diese Substanzidee, die keinen Modus des Entstehens von Seiendem bezeichnet, sondern einen – Gott und seinen Geschöpfen gemeinsamen – Modus des Bestehens, hat Descartes bewußt ignoriert. Sie war unvereinbar mit seiner nominalistischen Verwerfung metaphysischer Wesenheiten. Wenn er trotzdem auf der Annahme von Substanzen in der Sphäre endlichen Seins beharrt, so leitet ihn die Suche nach möglichen Trägern von Denken und Ausdehnung. Was für ihn, der keine innere Konstitution der einzelnen Dinge mehr kennt, sondern nur noch kausale oder auch akausale Beziehungen zwischen ihnen, zu Trägern jener Attribute wird, sind res cogitans und res extensa. Substanzen sollen sie sein, weil sie, aufgrund ihrer Unabhängigkeit voneinander, eine partielle Ursachlosigkeit besitzen. Absolute Substanz im Sinne von ens a se ist nur Gott. Res cogitans und res extensa sind einzig von der göttlichen causa prima abhängig – Substanzen wohl, jedoch keine absoluten mehr[46]. Die Bedeutung von Substanz hatte damit eine radikale Verwandlung erfahren: aus einer Weise des Bestehens von realen Gebilden war eine Weise des Entstehens geworden: ein Modus ursachloser Existenz. Dieser Bedeutungswandel ist die Konsequenz einer Inkonsequenz. Auf nominalistischem Boden philosophierend durfte Descartes keine Forderung nach Substanzen mehr erheben. Substanz war unleugbar eine Kategorie der von Aristoteles entwickelten Metaphysik, mithin für nominalistisches Denken eine Art Konterbande. Ihre Hineinnahme in das cartesianische System folgte der Erkenntnis, daß Denken und Ausdehnung nicht Attribute eines Nichts sein könnten.

45 Thomas von Aquin, De ente et essentia, VII.
46 Vgl. Descartes, Die Prinzipien der Philosophie, 1. Teil, Nr. 51 und 52.

Aber – wodurch sind ihre nominalistisch gedachten Träger, res cogitans und res extensa, ihrerseits mehr als ein Nichts? Descartes mußte auf diese Frage in Form eines Zirkels antworten. Res cogitans und res extensa sollen an sich selber bestimmte Entitäten durch das sein, was von ihnen sich nicht abtrennen läßt, ohne daß sie aufhören, ein denkendes und ein ausgedehntes Ding zu sein: nämlich Denken und Ausdehnung. Diese Antwort macht die Attribute zu Trägern ihrer Träger. Durch sie kommt zum Vorschein, worauf Descartes sich bezieht: auf bloße Phänomene. Er selbst hat in der Einsetzung von Denken und Ausdehnung als principia rerum den methodischen Ausgangspunkt einer adäquaten Erkenntnis der endlichen Dinge sehen wollen. Für legitim hielt er eine solche Inthronisation, weil jeder Substanz eine Eigenschaft zukomme, welche deren Spezifisches zur Erscheinung bringe. Diese einzigartige Eigenschaft nannte Descartes – in Anlehnung an die überlieferte Terminologie der mittelalterlichen Metaphysik – Natur oder Wesenheit eines Dinges[47]. Mit der Aufspaltung eines Attributs in Wesen und Erscheinung einer Sache trägt Descartes in die Geschichte der modernen Philosophie einen Formalismus der Scholastik hinein, der sie auf lange Zeit hemmen sollte. Wenn er in Denken und Ausdehnung die »natura« oder »essentia« von res cogitans und res extensa zu entdecken vermeint, dann erliegt er dem Aberglauben, daß die Sprache zum wahren Wesen der Dinge hinführe. Von ihrer Struktur her war solche Wesensbestimmung ein Rückfall ins tautologische Denkschema der via antiqua. Die res extensa, festgelegt auf reine Ausdehnung als ihr Wesen, gründet ebenso in ihrer eigenen abstrakten Imitation wie die auf reines Denken eingegrenzte res cogitans[48]. Zwar sind stoffliche und geistige Substanzen

47 Vgl. l.c., 1. Teil, Nr. 53.
48 Vgl. l.c., 1. Teil, Nr. 53.

nicht ohne Ausdehnung und ohne Denken vorstellbar, aber Ausdehnung und Denken können nicht die Prinzipien der Ausgedehntheit und Geistigkeit ihrer substantiellen Träger sein: sie sind nur Eigenschaften – keine Wesenheiten. Doch in der extensio und nicht weniger auch in der cogitatio ein principiatum zu sehen, verwehrte Descartes seine reflexionslose Übernahme der Resultate nominalistischer Metaphysikkritik. Wie für den Nominalismus gab es auch für ihn keine intelligible Dimension der Dinge mehr. Das cartesianische System stellt den Versuch dar, ausschließlich im Geiste physikalischen Denkens zu philosophieren. Dies bekundet überaus drastisch die Lehre von der Genesis des Kosmos und vom Menschen.

Descartes brauchte einen Gott für seinen Beweis von der Existenz körperlicher Dinge. Auch deren Erschaffung aus dem Nichts kann nur – ebenso wie die geistiger Substanzen – das Werk eines göttlichen Schöpfers sein. Aber lediglich die geistigen Entitäten bringt Gott unmittelbar hervor; im Reich der res extensae beschränkt er seine Tätigkeit auf die Erschaffung und Erhaltung dessen, woraus die erscheinende Natur entstanden sei: Materie und Bewegung. Beiden war ihre Endlichkeit und ihre Menge vorbestimmt. Was aus ihnen entsteht und seither entstanden ist, bedarf keiner göttlichen Einwirkung: sie wird als überflüssig angesehen. Rein mechanische Ursachen genügen. Ihre Wirkungen resultieren aus zwei Formen des Kontaktes von Körpern: Druck und Stoß. Durch sie hätte eine ursprünglich unterschiedslose Materie – in gesetzmäßiger Bewegung ihrer Teile – ihre verschiedenen Gestalten erlangt. Außer den Gesetzen der Mechanik wollte Descartes keine weiteren Gestaltungsprinzipien dulden[49]. Sein System einer auf reine Ausdehnung fixierten Natur wäre gestört worden, wenn er darüber hinaus

49 l.c., 2. Teil, Nr. 64.

ontologische Prinzipien eingeführt hätte – Prinzipien eines sinnvollen Zusammenhangs der Einzeldinge. Er reduziert die Prozesse des Werdens stofflicher Gebilde auf die einfachste mechanische Genesis: die Überführung von Teilen der Materie aus der Nachbarschaft unmittelbar berührender Körper in eine andere Umgebung[50]. Eine solche Weltauffassung, die in Materie und Bewegung ihre einzigen Prinzipien hat, kennt nur variable Zustände von gestalteter Materie: Phänomene sind nichts als Modifikationen der Ausdehnung. Den rationalen Zusammenhang dieser Zustände in allen Phasen der Weltgenese sollen die Gesetze der Mechanik verbürgen: besonders das durch physikalische Versuche bestätigte Axiom, wonach kausale Einwirkungen von Körpern auf Körper stets gesetzmäßig verlaufen. Daraus hat Descartes für die Sphäre der res extensae uneingeschränkte Rationalität jeglichen Geschehens gefolgert. Analog dem mechanischen Zusammenhang der Teile eines Automaten sieht er im Universum eine gigantische Weltmaschine. Auch jeder Mikrokosmos ist ihm eine Maschine: der menschliche Körper eine »aus Knochen, Nerven, Muskeln, Adern, Blut und Haut« bestehende[51]. Einem so mechanistisch gedachten Menschenleib konnte nicht mehr – wie in der aristotelischen und thomistischen Philosophie – eine Seele innewohnen, die für ihn sein Lebensgrund und als solcher auch das Prinzip seiner Tätigkeit wäre. Eine Seele gehört vielmehr der nichträumlichen Welt der res cogitantes an. Sie kann also auch ohne menschlichen Leib existieren[52]. Daß sie, eine Lebenszeit lang, in ihm verweilen muß, war Gottes Wille, der sie erschaffen und einem Körper zugeordnet hat. Nur weil er wollte, daß es außer den res extensae auch ein Ding gäbe,

50 l.c., 2. Teil, Nr. 25 und 4. Teil, Nr. 199-203.

51 Descartes, Meditationen über die erste Philosophie, 6. Med., Nr. 17.

52 l.c., 6. Med., Nr. 9.

das beides umfaßt, Denken und Ausdehnung, gibt es den Menschen: ein duales Geschöpf – einerseits Maschine und andererseits Geist. Die körperlichen Bewegungen erfolgen völlig unabhängig von der auf geistige Akte eingegrenzten Verstand-Seele: sie unterstehen weder der Herrschaft des menschlichen Willens noch überhaupt einer spirituellen Macht[53]. Wie kommt es aber, daß die materiellen und die geistigen Prozesse im Menschen einander koordiniert sind? Der schroffe Dualismus der beiden Substanzen schien eine befriedigende Antwort auszuschließen.

Eine Verbindung zwischen ihnen konnte für die Nachfolger von Descartes einzig durch uneingeschränkten Rekurs auf die Sphäre des Göttlichen als den Bereich des transzendenten Ursprungs der beiden Entitäten zustande kommen. Wie Arnold Geulincx richtungweisend für die späteren idealistischen Weltauffassungen proklamierte, ist es Gott selbst, der im Menschen den Zusammenhang zwischen seelischen Akten und körperlichen Regungen stiftet, die er durch sein paralleles Wirken in beiden gleichschaltet. Das war von präziser Logik: wenn menschlicher Körper und menschliche Seele einander ausschließen, Wechselwirkungen zwischen ihnen also nicht möglich sind, dann muß die Ursache ihres korrespondierenden Verhaltens außerhalb von ihnen existieren – als sie umgreifende causa prima ihres Seins und Werdens. Descartes selber hat es bis zu dieser Konsequenz nicht treiben wollen. Statt dessen schloß er, in eklatantem Widerspruch zu seiner eigenen Bestimmung von Körper und Seele, auf einen Ort, der eine unmittelbare Beziehung zwischen beiden zuließe. Diesen Ort glaubte er im menschlichen Gehirn gefunden zu haben, jenem Körperorgan, in dem der erkennbare Weg der Sinneseindrücke endet. Im Inneren des Gehirns sollen die Sinneseindrücke auf die gei-

53 l.c., 6. Med., Nr. 17.

stige Menschenseele einwirken, um in ihr Ideen der Dinge, von denen sie herrühren, auszulösen[54]. Mehr als eine bloße Behauptung hätte diese Hypothese nur sein können, wenn Descartes der Nachweis gelungen wäre, daß die menschliche Seele sich körperliche, sinnliche Eigenschaften zu Diensten macht. Seine Philosophie forderte jedoch das genaue Gegenteil. Denn eine auf reines Denken reduzierte Seele konnte in sich weder Intentionen entwickeln, die auf materielle Dinge gerichtet wären, noch von ihnen Impressionen empfangen. Daher haben seit Geulincx die Nachfolger von Descartes den Rückgang zu einer allmächtigen Instanz gefordert, mittels der menschliche Seele und menschlicher Körper auf einen gemeinsamen Rhythmus gestimmt sind. In beiden Entitäten wirksam ist allein Gott. Seele und Körper des Menschen sind bloße Medien seiner Tätigkeit. Wenn Geulincx das Wirken der Gottheit in den Mittelpunkt seiner Philosophie stellt, so ist es nur konsequent, daß seine Lehre einer Kosmologie zustrebt. Für das gesamte Universum sollte gelten: von keinem Erschaffenen kann eine Wirkung ausgehen. Alle Bewegungen von Körpern sind unmittelbar Produkte der göttlichen Kausalität[55]. Entwickelt worden ist diese Theorie aus dem cartesianischen Begriff der Materie, die – ihrem Wesen nach – selbst nichts sein sollte als reine Ausdehnung. Einer so konzipierten Materie konnten nur geometrische Eigenschaften zukommen. Bar jeglicher agierenden Kräfte mußten stoffliche Dinge unfähig sein zu eigener Bewegung. Geulincx konzediert wohl, daß es den Anschein einer eigenen Kausalität der res extensae gibt. Dies sei jedoch ein Trug. In Wahrheit fügt Gott zu seinem Wirken in bestimmten Körperdingen stets zugleich die entsprechenden Wirkungen in anderen Körperdingen. Alle von den physikalischen Wissenschaften fixierten Naturgesetze gründen nach Geulincx

54 l.c., 6. Med., Nr. 22.
55 Vgl. hierzu A. Geulincx, Metaphysica vera.

in diesem Urgesetz göttlichen Waltens. Ähnlich lehrt Nicolas Malebranche, wenn er die Doktrin des Geulincx von der Determination alles kosmischen Geschehens durch Gott forciert. »Das Studium der Natur«, heißt es in seiner Recherche de la Vérité, »ist in jeder Hinsicht falsch und nichtig, wenn man in ihr andere wahrhafte Ursachen sucht als die Willensäußerungen des Allmächtigen oder die allgemeinen Gesetze, nach denen er unaufhörlich tätig ist«[56]. Wie das zu verstehen ist, zeigen Malebranches Ausführungen über das Aufeinanderstoßen von zwei Kugeln. Dort heißt es: »Die Menschen dürfen nicht urteilen, daß eine bewegte Kugel die hauptsächliche und wahrhafte Ursache der Bewegung derjenigen Kugel ist, die sie auf ihrem Weg findet, da die erste nicht aus sich selber die Kraft hat, sich zu bewegen. Sie können nur urteilen, daß dies Zusammentreffen von zwei Kugeln für den Urheber der Bewegung der Materie eine Gelegenheit ist, den Beschluß seines Willens, der die umfassende Ursache aller Dinge ist, auszuführen, indem er der anderen Kugel einen Teil der Bewegung der ersten mitteilt, das heißt, um klarer zu reden, indem er will, daß die zweite auf der einen Seite ebenso viel Bewegung gewinnt wie die erste auf der anderen Seite verliert: denn die bewegende Kraft der Körper kann nur der Wille dessen sein, der sie erhält«[57]. So wie den stofflichen Körpern jede Fähigkeit zu eigener Aktivität abgeht, soll auch die menschliche Seele sich in der gleichen Ohnmacht befinden – nämlich in einem Zustand völligen Unvermögens, etwas zu erkennen oder etwas zu empfinden oder gar etwas zu wollen, sofern Gott sie nicht dazu motiviert[58]. Die Quintessenz der von Geulincx und von ihm selbst entwickelten Philosophie verkündigt Malebranche in einem Axiom: es

56 N. Malebranche, Von der Erforschung der Wahrheit, Hamburg 1968, S. 119.
57 l. c., S. 49 f.
58 l. c., S. 118.

gibt »nur eine wahre Ursache, weil es nur einen wahren Gott gibt: die Natur oder die Kraft eines jeden Dinges ist nur der Wille Gottes«[59]. Aus solchem alles durchdringenden Wirken der Gottheit hat Spinoza die pantheistische Konsequenz gezogen: wo es keine eigenständigen Ursachen gibt, kann es auch keine für sich bestehenden Dinge geben, sondern nur eine Substanz, welche das All erfüllt: die göttliche. Die veränderlichen Phänomene der spirituellen und materiellen Welt bilden in ihrer Gesamtheit die wahrnehmbare Existenz der substantia divina. Sie sind Modi göttlicher Selbstoffenbarung. Umgekehrt kann Gott nur innerhalb einer Welt gedacht werden, die ihn zur Substanz hat. Gott und Welt verhalten sich zueinander als verschiedene Aspekte der gleichen Wirklichkeit: sie einmal in der Form der Einheit, das andere Mal in der Form der Vielheit darstellend. Der cartesianische Dualismus von res cogitans und res extensa ist einem Monismus gewichen. Zwischen geistigen und stofflichen Prozessen herrscht völlige Übereinstimmung: ordo et connexio idearum idem est ac ordo et connexio rerum – die Ordnung und Verknüpfung der Ideen ist dieselbe wie die Ordnung und Verknüpfung der Dinge[60].

Der spinozistischen Philosophie gelingt die Vollendung der cartesianischen. Gott, den Descartes noch bedacht hatte mit der Funktion eines Vermittlers zwischen res cogitans und res extensa, ist zum völlig unpersönlichen Identitätssystem geworden. Die Entwicklung war logisch vorgezeichnet: wenn Substanz – der cartesianischen Lehre zufolge – ein Ding ist, das aus sich selbst existiert, dann ließ einzig Gott sich als eine Substanz auffassen. Der substantia divina mußte jene Mannigfaltigkeit, die in der traditionellen Sprache der Philosophie Welt heißt, inhärent sein. Wo Descartes und seine Nachfolger – Geulincx ebenso wie Malebranche – sich

59 l.c., S. 118.
60 Spinoza, Ethica, pars 2, prop. 7.

dieser Konsequenz verweigerten, tritt eine Absicht zutage: es soll doch noch, gegen die Logik des eigenen Systems, der Gott der Theologie, der Weltenschöpfer, im Bilde der Transzendenz erhalten bleiben. Die Logik philosophischer Systeme aber duldet keine ungelösten Widersprüche: im Pantheismus des Spinoza verschwindet der Gegensatz von Gott und Welt. Reduziert auf Modi, in denen die göttliche substantia mundi erscheint, sind alle singulären Dinge ihres eigenen Seins verlustig gegangen. In eins mit ihrer Substantialität haben sie auch ihre Attribute an die Gottheit abtreten müssen. Für Spinoza sind Denken und Ausdehnung, ins Unendliche gesteigert, Eigenschaften einer göttlichen Weltsubstanz. Übertragen auf die Gottheit hat Spinoza an der cartesianischen Aufspaltung eines Attributs in Wesen und Erscheinung eines Dinges festgehalten. Verbunden zu differenzloser Einheit sind Denken und Ausdehnung das Wesen der unendlichen Substanz – entfaltet in die Vielheit der Modi ihre Erscheinung. Diese innergöttliche Identität von Einheit und Vielheit wird in Hegels absolutem Idealismus zum Inbegriff von Metaphysik. »Entweder Spinozismus oder keine Philosophie« lautet seine Devise[61].

Spinoza ist ein Wendepunkt innerhalb der neuzeitlichen Philosophie. Durch seine Doktrin, alle singulären Dinge seien nur besondere Erscheinungsweisen ihres ewigen Urgrundes, leitete er das metaphysische Denken der Moderne auf den Weg zu einer universalen Tautologie. Die vielfältigen Modi sollen in der Reihenfolge, in der sie in kosmischen und irdischen Prozessen auftreten, aus Gott hervorgehen. Wohl sind ihre Zusammenhänge in jenen Prozessen begrifflich fixierbar; im Dunkeln bleibt aber ihr Hervortreten aus der Gottheit. Daß Spinoza von einer absoluten Einheit ausgeht, die

61 Hegel, Geschichte der Philosophie, 3. Band, WW XIX, ed. Glockner, Stuttgart 1928, S. 374.

alles räumlich und zeitlich Verschiedene ungeschieden in sich trägt, zwingt ihn zum Verzicht auf rationale Welterklärung. Statt einer Ableitung des Vielen aus dem Einen, die seiner geometrischen Methodik entsprochen hätte, bietet er nur ein dürres Gleichnis: auf dieselbe Art, wie aus der Natur des Dreiecks folge, daß dessen drei Winkel zwei rechten Winkeln äquivalent sind, soll aus der Natur der Gottheit unendlich Vieles geflossen sein und immerfort fließen[62].

Spinozas ontologischer Monismus ließ einen Gott als Person nicht zu. Er ist substantia mundi – nichts außer dem. An die Stelle eines – selbst für Descartes und auch für Geulincx und Malebranche noch – von der Welt essentiell verschiedenen Gottes ist ein System der Identität alles Seienden getreten. Man muß nur die Frage stellen, was von Spinozas Gott bleibt, wenn die Welt nicht mitgedacht würde. Es käme zu einer kompletten Absurdität: Gott als die Substanz, die kraft ihres Wesens auch Existenz besitzt, ermangelte der unendlichen Vielheit kosmischer Gebilde, in denen sie das Medium ihres realen Daseins hat. Wenn, umgekehrt, Gott entfiele, so bliebe immerhin ein Universum gesetzmäßig agierender und reagierender Einzeldinge. Die materialistischen Vertreter der französischen Aufklärung – Helvetius, Lamettrie, Holbach – haben als einzige diesen radikalen Schluß aus Spinozas Philosophie gezogen. So hat der Baron d'Holbach gleich mit der äußersten Entschiedenheit das Programm aller naturalistischen Kosmologie formuliert: die Genesis der Welt muß sich ohne das Wirken eines Gottes erklären lassen. Auch in seiner Weltentstehungslehre sind Materie und Bewegung die fundamentalen Prinzipien. Beide hält er nicht minder für ewig als Descartes und Spinoza ihren Gott – konsequent zu dessen materialistischer Ersetzung durch Welt. Mit der Beschränkung der principia mundi auf Mate-

62 Spinoza, Ethica, pars 1, prop. 17, scholium.

rie und Bewegung erweckte Holbach den Leitgedanken des antiken Materialismus, wonach alle wahrnehmbaren Dinge bloße Resultate aus der Bewegung von Atomen wären, nach zwei Jahrtausenden zu neuem Leben. Gleichzeitig wurde er durch seine Restriktion der Weltprinzipien zum Ahnherrn der modernen Theorie von der Selbstorganisation des Universums. Sie folgt für ihn aus einem permanenten Streben der vor allem durch Größe und Schwere und Gestalt unterschiedenen Elemente nach mannigfaltigen Verbindungen. Vom leblosen Stein, der sich im Innern der Erde durch ein Zusammentreffen gleichartiger oder verwandter Korpuskeln gebildet, bis zum denkenden und handelnden Menschen sieht Holbach ein ununterbrochenes Fortschreiten in der Konstitution von Welt – eine Kette verbindender Bewegungen, aus denen Dinge hervorgehen, die im Maße der Unterschiedlichkeit ihrer stofflichen Elemente auch selber verschieden sind[63]. Das reale Vorhandensein solcher Elemente ist die oberste Prämisse. Gegenüber ihren constituta, den sichtbaren Dingen, sind die Elemente unveränderlich gedacht: sie sind keinem Vergehen unterworfen, ebensowenig aber auch je entstanden[64].

Dieser programmatische Gedanke, mit dem Holbach eine Genesis der Elemente aus indifferentem Urstoff verwarf, ist geleitet von der Überzeugung, daß eine Materie ohne spezifische Beschaffenheit ein reines Nichts wäre[65]. Reale Materie kann es für ihn nur als geformte Materie geben. Sie muß physikalisch bestimmbare Eigenschaften besitzen. Durch solche Erwägungen kommt Holbach zu der Annahme einer Priorität der Strukturen vor den Prozessen: platonisch gesprochen einer Priorität des Seins vor dem Werden. Er weiß: nur stoff-

63 P. Th. d'Holbach, System der Natur, Frankfurt am Main 1978, S. 44 f.

64 l.c., S. 375.

65 l.c., S. 36.

liche Elemente, die strukturelle Besonderheiten aufweisen, sind befähigt zu verschiedenartigen Bewegungen und so zu einer Konstitution dessen, was aus ihren Bewegungen resultieren soll: Dinge der sinnlichen Wahrnehmung. Der nächste Schritt dieser Gedankenfolge mußte in näheren Angaben über den Prozeß der Konstitution von wahrnehmbaren Dingen bestehen. Es galt klar und eindeutig zu sagen, wie Bewegungen verschiedenartiger Elemente zu ganz bestimmten Verbindungen führen: Verbindungen, die qualitativ verschiedene Dinge repräsentieren. Aus den Elementen selber war eine Hinordnung auf solche Verbindungen nicht ableitbar: sie enthielten in Form physikalischer Eigenschaften die Voraussetzung für Synthesen – aber keine Beziehung auf irgendein Produkt ihrer Bewegungen. Holbachs atheistische Reduktion der principia mundi auf Materie und Bewegung schloß Teleologie ebenso aus wie schon die Kosmologie von Descartes, der jene Prinzipien einem göttlichen Schöpfungsakt zugewiesen hatte. Die Entstehung der Welt und aller Weltdinge ist nach Holbach ein ausschließlich mechanischer Vorgang. Ständiges Einwirken der Elemente aufeinander habe im Laufe einer Ewigkeit zu einer unermeßlichen Vielzahl von Kombinationen geführt, einer Vielzahl, die völlig ausreichend sei, um auf natürliche Weise die Existenz des Universums zu begreifen. Es ist für Holbach »durch sich selbst das, was es ist«[66]. Werde nach einer transzendenten Ursache des Weltganzen gesucht, einem wirkenden Prinzip jenseits der real vorhandenen Natur, so – sagt Holbach – begibt menschliches Denken sich in imaginäre Bereiche, wo es, statt Gewißheit zu finden, stets vor einem Abgrund von Ungewißheiten und Finsternissen stehe[67]. Als erster Positivist der Moderne formuliert Holbach die Verfahrensnorm,

66 l.c., S.421.
67 l.c., S.425.

nach der alle Naturwissenschaftler, zum Teil schon vor ihm, sich richten: Wirkungen dürfen einzig aus immanenten Ursachen: das heißt solchen, die Bestandteile der Natur sind, erklärt werden. Unter Natur will er – streng materialistisch – nur das verstanden wissen, als was sie erscheint: eine riesige »Anhäufung existierender und mit Eigentümlichkeiten versehener Stoffe«[68]. Eine so gedachte Natur hat weder Intelligenz noch Ziel[69]. Die stofflichen Elemente, deren Summe sie ist, bringen durch ihr rein mechanisches Wirken unterschiedslos ebenso krude Trümmer wie empfindende und denkende Lebewesen hervor[70]. Was auf diese Weise in der Natur entsteht, wird durch Zerfall des Entstandenen auch wieder zerstört. Der Kreislauf immerwährenden Schaffens und Zerstörens ist ihr principium vitale: der Motor ihrer Selbstorganisation.

Kann es in diesem System der Natur einen rational erklärbaren Aufstieg von Niederem zu Höherem geben? Scheinbar völlig rational ist das Schema des Aufstiegs: nur wenn verschiedenartige Elemente den Ausgangspunkt bilden, sind verschiedenartige Bewegungen möglich, die zu verschiedenartigen Verbindungen führen. Aus solchen Verbindungen, die als Bestandteile komplexerer Verbindungen auch selbst wieder in mannigfaltige Beziehungen tretend vorzustellen sind, sollen alle Dinge der wahrnehmbaren Welt hervorgehen. Die Stärke des Schemas liegt in seinem Ausgangspunkt; doch bei ihm bricht die Reflexion ab. Nirgendwo taucht die Überlegung auf, ob das Axiom von der Verschiedenartigkeit der Elemente ausreicht, auch nur die erste Stufe in der Genesis von Welt zu erklären. Zwischen den verschiedenartigen Elementen und den Verbindungen, die sie in den Produkten ihrer Bewegung eingehen, besteht eine Kluft: die zwischen

68 l.c., S. 426.
69 l.c., S. 428.
70 l.c., S. 428.

der Vielheit der Elemente und einer Individuation der Einzeldinge. Eine rationale Überbrückung dieses Chorismos hätte der Einsicht in die Notwendigkeit eines Prinzips bedurft, welches die Bewegungen der Elemente zur Erzeugung konkreter Einzeldinge koordiniert. Die generelle Ablehnung von Prinzipien metaphysischen Charakters macht Holbach zu einem Dogmatiker: dem unermüdlichen Verkünder des Glaubens an die Allmacht der Bewegung nach Gesetzen der Mechanik. Kraft ihrer Wechselwirkung sollen die Elemente fähig sein, kosmische Bedingungen zu schaffen, die ihnen die Möglichkeit böten, alle Dinge der sichtbaren Welt ohne Schwierigkeit zu erzeugen. Gleichgültig sei es, ob menschlicher Geist das Zustandekommen ihrer Werke begreifen könne oder nicht[71]. Mit solcher Dogmatik hat Holbach das Problem, das vom philosophischen Denken zu bewältigen wäre, nämlich zu zeigen, wie aus der Bewegung von Elementen ganz bestimmte Einzeldinge resultieren, nicht gelöst, sondern übersprungen. Materialistische Naturerklärung sinkt herab zur Ideologie.

Holbach hat vollendet, was Descartes unbewußt mit seiner mechanistischen Weltauffassung eingeleitet hatte: eine Erneuerung der von Leukipp und Demokrit begründeten Kosmologie. Alle theologischen Bestandteile der cartesianischen Doktrin sind in seiner Naturtheorie getilgt. Nicht weniger radikal als in dem Weltentwurf der antiken Materialisten soll einzig Mechanik das kosmische Geschehen bestimmen. Diese Erwartung kam einer Kriegserklärung an die theozentrisch denkenden Nachfolger von Descartes gleich. Für sie war die Natur in allen Einzelheiten ihres Seins und Werdens das Produkt einer von Gott verordneten Kausalität. Nur in einem Punkt, allerdings in einem entscheidenden, gab es eine Berührung zwischen den beiden Extre-

71 l.c., S. 420f.

men: in der Methode. Holbach sowohl wie die Cartesianer wollten die entstehenden und vergehenden Einzeldinge aus etwas ableiten, von dem sie glaubten, daß es das schlechthin Ursprüngliche, ein absolut Erstes sei. Sie näherten sich von verschiedenen Seiten der gleichen Problematik. Holbach suchte den Weg, der von der Vielheit stofflicher Elemente zu den sinnlich wahrnehmbaren Einzeldingen führen sollte. Spinoza hingegen wollte zu eben diesen Einzeldingen von der realen Einheit des Göttlichen aus gelangen. Trotz der verschiedenen Ausgangspunkte hatte das Problem in beiden Weltauffassungen die gleiche Struktur. In der einen wie in der anderen waren Entitäten zu deduzieren, die gegenüber ihrem behaupteten Ursprung das inhaltlich Reichere darstellten: konkrete Einheiten. Als Prinzip ihrer Genesis war die reine Identität eines Gottes ebenso ungeeignet wie die bloße Vielheit stofflicher Elemente. Sichtbar wurde in dieser radikalen Konfrontation die Möglichkeit einer Kombination: war nicht die Weltgenese abzuleiten aus einer Vereinigung der Prinzipien von Idealismus und Materialismus – Einheit und Vielheit, die untrennbar in jedem Weltding anzutreffen sind?

Am Zustandekommen einer solchen Synthese hat am intensivsten Hegel sich versucht. Ihn leitete die Absicht, das als einen Prozeß begreiflich zu machen, was der spinozistische Idealismus nur gefordert hatte: die Entfaltung einer Genesis von kosmischer Mannigfaltigkeit aus göttlicher Einheit. Fällig war also nicht mehr und nicht weniger als eine Dynamisierung des Gottes der philosophischen Überlieferung. Ob und in welcher Weise sie gelingen konnte, war nur auszumachen durch eine kritische Besinnung, die im System des Spinoza noch keinen Raum fand: ein Nachdenken über die gnoseologische Grundlage der traditionellen Gottesidee.

Descartes hatte am Anfang der neueren Philosophie die Frage gestellt: wie gelangt menschliches Bewußtsein zu der

Idee des Göttlichen? Durch Gott selber – lautete seine Antwort. Sie wurde von den theozentrischen Naturerklärungen seiner Nachfolger ebenso übernommen wie im Mittelalter die von Platon begründete Gotteslehre. Über deren Begriff des Göttlichen haben die Cartesianer sowenig wie vor ihnen die mittelalterlichen Philosophen kritisch nachgedacht. Der platonischen Theologie aber entstammte der im Abendland kontinuierlich festgehaltene Gedanke von Gott als der reinen Identität. Die von den Metaphysikern der Neuzeit wie des Mittelalters niemals zur Diskussion gestellte Verbannung alles Nichtidentischen aus der Sphäre des esse divinum ließ die Weltschöpfung zu einem völlig irrationalen, für Menschen schlechthin nicht begreifbaren Akt im Innern der Gottheit werden. Durch Jahrhunderte hindurch verschloß man sich der Einsicht, daß ein Gott, dessen absolute Einheit doch nur aus dem Gegensatz zur existierenden Mannigfaltigkeit des Kosmos abgeleitet ist, eine letzten Endes inhaltlose Abstraktion darstellt. Erst Kant und Hegel stoßen auf das Paradox: eine von Menschen gedachte Gottheit kann den Menschen auch nur als Resultat ihres Denkens »gegeben« sein – niemals unmittelbar. Aufgefaßt als reine Identität wäre sie ein Produkt von Philosophie. Aus diesem Gedanken haben der Begründer und der Vollender der klassischen deutschen Philosophie radikal entgegengesetzte Folgerungen gezogen. Im Duktus einer negativen Metaphysik geht Kant aus von der Beschränktheit menschlicher Vernunft und bestreitet ihr die Fähigkeit zu einer affirmativen Bestimmung der Gottheit. Durch ihr Subjekt, den Menschen als ein ebensosehr sensitives wie geistiges Lebewesen, ist ihr positives Erkennen abhängig von anschaulich Gegebenem. Eben diese Bindung an sinnliche Anschauung macht für sie das göttliche Konstituens der Natur schlechterdings unerreichbar. Kant folgert daraus, daß von Gott her »als von oben herab« die Natur nicht erklärt werden kann[72]. Jeder Metaphysiker, der nach der Methode der abendländischen prima philosophia dennoch – von unten hinaufsteigend – Gott durch Abstraktion von der empirischen Mannigfaltigkeit zu bestimmen suchte, stellte ein Gebilde des menschlichen Denkens auf den gleichen Rang wie den transzendenten Ursprung der sinnlich wahrnehmbaren Welt. Mit einem Gewaltstreich hat Hegel diese Abhängigkeit Gottes beseitigen wollen. Der Tätigkeit menschlichen Denkens sei keine ontologische Priorität zuzuerkennen – im Gegenteil: Gott selbst sei es, der menschliches Denken über Gott erzeugt. Auf dem Gipfel neuzeitlichen Philosophierens gibt Hegel so eine Antwort auf die cartesianische Frage, wie es zu einer Idee des Göttlichen im Bewußtsein der Menschen kommt. Diese Antwort durfte sich nicht auf eine bloße Variation der cartesianischen beschränken: wenn es dort hieß, die Idee eines unendlich vollkommenen Wesens könne nicht durch menschliches als ein endliches Denken gebildet werden, so war es an Hegel zu zeigen, wie ein Gott, der scheinbar nur aus menschlicher Abstraktion von der kontingenten Welt resultierte, es selber gewesen sein mußte, der diesen Weg der Abstraktion erst ermöglichte[73].

Die treibende Kraft zu solcher Theodizee war Hegels Überzeugung von der Unmöglichkeit einer materialistischen Welterklärung. Holbachs »System der Natur« wollte er für nicht mehr gelten lassen als eine bloße Anhäufung unzulänglicher Gedanken über Materie und Bewegung[74]. Er ist darin sehr weit gegangen. Die in seiner Ära aufkommenden natur-

72 Kant, Kritik der Urteilskraft, B 354.

73 Zu Kants negativer Metaphysik und zu den Ausführungen über Hegels absoluten Idealismus vgl. K.H. Haag, Der Fortschritt in der Philosophie, S.67-100; Neuausgabe Frankfurt am Main 2005 (Humanities Online, 2. Aufl. 2018), S. 72-107.

74 Hegel, Geschichte der Philosophie, 3. Band, WW IXX, S. 519.

wissenschaftlichen Versuche, die Evolution der Gattungen und Arten auf der Basis großer Zeiträume zu erklären, hielt er für völlig nichtig[75]. Wenn Zeit als reine Quantität gedacht werde, lasse sich aus ihr nicht das Werden von qualitativ Neuem ableiten. Sie sei Bedingung der Entwicklung – nicht deren Prinzip. Die Evolution von konkreteren aus einfacheren Entitäten setze ein Prinzip voraus, das fähig sei, materielle Prozesse auf Ziele innerhalb eines Weltenplans zu beziehen. Die legitime Annahme eines Prinzips von so hoher Seinsmächtigkeit erheische aber etwas, das physikalisches Denken mit seiner Methodik niemals leisten könne: den Schritt in die Sphäre des Göttlichen. Am deutlichsten unter den modernen Philosophen hat Hegel erkannt, daß ein solcher Schritt, wenn er gelänge, Aussagen über das ontologische Werden stofflicher Entitäten ermöglichte. Vorausgegangen waren Reflexionen auf die überlieferte Idee des Absoluten: Weltgenese, in ihrem Innern als ein göttlicher Prozeß begriffen. Daraus entstand die nächste Aufgabe einer Deduktion der Welt aus Gott. Eine stringente Ableitung von kosmischer Mannigfaltigkeit aus absoluter Einheit sollte nicht bloß zeigen, wie Gott die Welt erschaffen hat, sondern auch die Folgerung erlauben, daß im menschlichen Denken über Gott einzig Gott wirksam sei.

Hegel hatte – wie alle seine Vorgänger einschließlich der Bibel – vor den Anfang der Welt ein göttliches Sein gesetzt. Aber er war, mehr als jeder andere Metaphysiker seit der Antike, über eine entscheidende Schwierigkeit sich im klaren: Menschen können nicht unmittelbar wissen, wer oder was Gott ist. Wie über Weltdinge sind auch über Gott nur auf der Basis des geschichtlich tradierten Wissens Reflexionen möglich. Das hieß für Hegel: hinführen zur Erkenntnis von Gottes wahrem Sein kann einzig die Reflexion auf einen Begriff,

75 Hegel, System der Philosophie, 2. Teil, WW IX, S. 60.

der für die abendländische Philosophie stets das Wesen des esse divinum ausdrückte: reine Identität[76]. Das Ergebnis solcher Reflexion ist eine neue Idee des Göttlichen. Für sie muß – im Unterschied zu früheren Ideen – der Beweis ihrer Wahrheit geliefert werden. Das erfordert nichts Geringeres als die Deduktion des Weltalls aus dem, was in jener Idee fixiert sein soll: Gott. Dazu war eine notwendige Voraussetzung zu erfüllen. Es galt, die Form des Denkens zu überwinden, welche den Gott der philosophischen Überlieferung hatte erstarren lassen. Hegel sah in der Unbeweglichkeit des reinen als eines göttlichen Seins die Folge davon, daß alles, was der Identität eines absolut Ersten entgegenstehen kann, immer bloß eliminiert, niemals aber mit der Besonnenheit negiert wurde, die nötig gewesen wäre, um die konstitutive Bedeutung einer Abstraktion von allem Nichtidentischen für die menschliche Subjektivität erkennbar zu machen. Wird diese Bedeutung erkannt, so gewinnt das reine Sein eine neue Gestalt: seine absolute Einheit mit sich selbst wäre dann identisch mit seiner Vermittlung, der Negation aller kosmischen Mannigfaltigkeit. Das Schema seiner Genesis wird in Hegels idealistischer Dialektik zum Schema auch der Weltgenese: so wie reines Sein durch die Negation von Welt entstand, so soll es umgekehrt – durch seine negative Beziehung auf sich selbst – Welt aus sich hervorgehen lassen. Hegel glaubte, in

76 Selbst Schelling noch, der unermüdlich in ständig neuen Entwürfen das wahrhaft Ewige zu bestimmen suchte, wollte Gott nur gedacht wissen als »absolute Einheit, schlechthin einfach, ohne alle Vielheit« (Fr. W. J. Schelling, Bruno oder über das göttliche und natürliche Prinzip der Dinge, WW III, ed. Schröter, München 1977, S. 208). Dadurch blieb die Vorstellung von Gott behaftet mit einem Makel, der in den Anfängen der abendländischen Metaphysik als Zeichen von Würde und Erhabenheit gegolten haben mochte: es war ein Gott, der infolge seiner unwandelbaren Identität außerstande wäre zu schöpferischer Tätigkeit – der Setzung von Welt.

der Positivität reinen Seins, die vermöge ihrer Genesis zuinnerst reine Negativität ist, den wahren Begriff des Absoluten gefunden zu haben: es ist ein Gott, der sich – immer schon in sein Gegenteil verkehrt – zur Welt entäußert hätte. Die Idealisierung der endlichen Dinge, ihre Auflösung in Modi der einen Substanz, die Spinoza betrieben hatte, greift in Hegels Dialektik auf das göttliche Sein über. Darin vor allem besteht ihr totaler Idealismus: auch die Identität der Gottheit ist gedacht als Teilhabe an der Bewegung des Negativen. Gott verneint sich selbst: er wird zu Welt. In ihr bewirkt seine Aktivität die Entwicklung des Kosmos. Diese ist für Hegel – von innen her besehen – eine Rückkehr der Gottheit aus der Natur: Aufstieg des ipsum esse zur Manifestation seines konkreten Begriffs. Daß er offenbar wird, vollzieht sich in der menschlichen Geschichte: sie ist die Krönung der kosmischen. Über die Welt kann das abstrahierende Denken der Menschen sich nur erheben, weil es ein Medium ist, in dem göttlicher Geist aus seiner Entäußerung in sich zurückkehrt. Durch solche Rückkehr läßt Gott im menschlichen Bewußtsein die Idee dessen entstehen, was er selber ist: die Idee des Absoluten. Er erinnert sich seiner selbst als der, welcher auch in der Entäußerung Gott war, so wie er jetzt, in der Phase der Erinnerung, sich als das Bewußtsein der Menschen von Gott manifestiert. Diese Anamnesis des göttlichen Geistes hat Philosophie zu betrachten: sie gehört selbst zum »Wege« seiner Erinnerung und gewährt ihm die »Erkenntnis seines Wesens«[77]. Gott kann als Geist kein Seiendes sein – das ist die affirmative Bedeutung, die Hegel der Entsubstantialisierung des Absoluten der abendländischen Metaphysik gibt. Die neuzeitlichen Gestalten der Auflösung von transzendentem Sein werden zu Momenten, die Gott selbst erzeugte, um sich mit sich zu vermitteln. Die Frage, was dieser sich mit sich

77 Hegel, System der Philosophie, 2. Teil, WW IX, S. 49.

vermittelnde Gott in sich selber sein soll, wird abgeschnitten: er »ist« nur in seiner Entäußerung als der Gründung von Welt. Hegel beschließt eine Tradition, die Gott – seit der nominalistischen Kritik am metaphysischen ipsum esse – mit Negativität behaftet hatte. Für ihn geht die Welt aus ihrem göttlichen Grunde hervor, jedoch nicht so, daß dieser Grund noch »unten« verbliebe: ihre Setzung besteht in seinem »einfachen Verschwinden«[78]. Die atheistische Folgerung, welche die französischen Materialisten aus der spinozistischen Ineinssetzung von Gott und Welt gezogen hatten, findet sich in ein Positives gewendet: göttliches Sein als kosmisch-geschichtlicher Prozeß. Vermöge dieser Wendung ins Positive durfte Hegel sagen, der Inhalt von Philosophie und Wissenschaft sei »Gott und nichts als Gott und die Explikation Gottes«[79]. Dieser Gott ist freilich ein völlig sinnloses Gebilde: als ein Prinzip, das in seiner Funktion – der Vermittlung von Welt – aufgeht, vermag er eben diese Funktion nicht zu erfüllen. Statt ein Weltgrund ist er ein bloßer flatus vocis, nur daß seine Nichtigkeit dialektisch so umschrieben wird, daß er selber sich preisgibt und in der Welt verschwindet, was dann auch je schon passiert wäre.

IV

Hegel hatte in einer Art von pantheistischem Weltsystem die Vollendung der abendländischen Metaphysik angestrebt. Er war überzeugt, durch einen Prozeß endloser Negationen die Lösung der Probleme gefunden zu haben, die seit der Antike im philosophischen Denken zentral standen: vor

78 Hegel, Wissenschaft der Logik, 1. Teil, WW IV, S. 595 f.
79 Hegel, Philosophie der Religion, 1. Band, WW XV, S. 37.

allem des Problems der Weltgenese. Anstelle ihrer Lösung landete er jedoch auf einem Pseudos: einem bloß verbalen Fortschreiten oder dem Glauben an eine Zeugung von Positivem aus Negativem. In seiner auf ein absolutes »Nicht« reduzierten Gottheit kam zum Abschluß, was der Nominalismus begonnen hatte: die Entsubstantialisierung aller Entitäten. Dessen antimetaphysische Weltauffassung war der Anfang eines Nihilismus von immer universalerem Ausmaß. Wie die neuere Philosophie zeigt das auch die theologische via moderna. Die nominalistische Entwertung der metaphysischen Universalienrealität läßt von der objektiven Theologie des Mittelalters nur eine subjektive Glaubenslehre übrig. Das Dogma von Gott als Deus unus hatte ebenso wie die Lehre von der Trinität und der Inkarnation die Evidenz realer Wesenheiten vorausgesetzt. Die Möglichkeit von Dogmatik als einer objektiven Glaubenslehre war also vermittelt durch die Möglichkeit von Metaphysik als einer objektiven Philosophie. Als sie im geschichtlichen Prozeß ihre Autorität verlor, war es auch mit jener vorbei. Die Möglichkeit eines objektiven Glaubens mußte, seit die nominalistische Philosophie sich durchgesetzt hatte, zu etwas höchst Problematischem werden: einem gnoseologischen Irrtum. Ihr Denken, das sich als ein Stiften von Allgemeinheit und Objektivität begreift, erfährt sich zugleich als die äußerste Bedrohung der Religion. Um sie zu retten, muß es sich selbst einschränken: als Resultate aus der Vergleichung von empirischen Dingen sollen die Universalien nur auf sinnlich wahrnehmbare Entitäten anwendbar sein. Aber diese Selbsteinschränkung des menschlichen Wissens drängt Gott nach außen: von nun an residiert er im Jenseits des objektiv Vernünftigen: so wird er eine irrationale Macht – der vor sich selber verborgene Gott. Kein rationaler Weg führt mehr zu ihm hin: weder ließ auf dem Boden der nominalistischen via moderna von der Welt her sich ausmachen, ob es überhaupt einen Gott gibt, noch was er sein oder auch nur nicht sein könnte. Der Glaube an ihn war kein einfaches Fürwahrhalten mehr. Das religiöse Subjekt der Moderne bekennt sich zu etwas, an das zu glauben ihm selbst absurd erscheint. Ein wesenloses Sein ist jetzt der Gegenstand seines Glaubens. Nur ein vom Wissen nicht kompromittierter Glaube dürfte es für Gott halten. Gott wird in der theologischen via moderna zu einem Resultat des subjektiven Glaubens, während er im Mittelalter der objektiv gültige Inhalt eines unangezweifelt herrschenden Wissens war. Die Nominalisten und Reformatoren wollten zwar durch Einschränkung des Wissens auf Erfahrung die Religion retten, aber mit ihrem Deus absconditus als totaler Negation der objektiven Vernunft setzten sie erst recht das menschliche Subjekt absolut. Die Bedeutung dessen, woran es glaubte, bestätigte sich nicht mehr in metaphysischen Wesenheiten, sondern ausschließlich im Glaubensakt. Das ist das Gegenteil von dem, was die theologische via moderna in ihren Anfängen intendiert hatte. Menschliche Subjektivität sollte sich auf Gott selber und nicht mehr bloß auf das »ipsum esse« als einen durch abstrahierendes Denken vermittelten Begriff beziehen. Aber im nominalistischen Deus absconditus erreichen die Menschen nur noch sich selbst: daß dieser verborgene Gott sich dem Glauben erschlösse, mußte sich eines Tages selbst als subjektiver Glaube herausstellen. Das Ich der theologischen via moderna, das sich – etwa bei Luther – schon wie eine Vorstufe zu Fichtes »absolutem Ich« ausnimmt, schränkt um des Glaubens willen sein Wissen ein. Es entsteht so kein Jenseits des Wissens, nichts Göttliches, keine neue Substanz des Glaubens, sondern nur eine gedankliche Konstruktion.

Das wird heute immer evidenter. Auch die Theologie erkennt, daß alles, was von ihr einmal über Gott gelehrt wurde, auf bloßes Glauben gestellt war. Sie wagt keine Aussagen mehr, die Gott verdinglichen: ihn zu einem »Gott an sich« machen sollten. Übermächtig ist die Angst, daß alle traditionellen Vorstellungen von Gott noch mythologische Vorstellungen seien, die der Entmythologisierung bedürfen. Das ist die konsequente Fortsetzung der nominalistischen Kritik am mittelalterlichen Universalienrealismus. Wenn das Allgemeine bloßes ens rationis ist, dann kann auch Gott, sowohl als »ipsum esse« wie als sich offenbarender Logos, nur ein geschichtlich relatives Wort sein. Wird daraus ein »Wort an sich« oder gar eine Wesenheit gemacht, so bedeutet das für die fortgeschrittensten Theologen des modernen Protestantismus – Rudolf Bultmann und Paul Tillich wären hier an erster Stelle zu nennen – einen Rückfall in mythologisches Denken. Sie verneinen die Möglichkeit einer metaphysischen Erhebung zu Gott, im Bewußtsein der Gefahr, die ihnen eine durchdringende Reflexion auf die nominalistischen Ursprünge der eigenen Erkenntnislehre bringen würde. Eine solche Reflexion hätte zu dem Schluß führen müssen, daß der Glaube eine Gotteswirklichkeit nur beschwören kann, nicht mehr. Zu mehr könnte theologisches Denken nur gelangen durch Erkenntnis dessen, was der Nominalismus bei seiner Verwerfung der metaphysischen Universalienrealität übersehen hatte: wo es keine ontologischen Wesenheiten mehr gibt, verkümmern Welt und Gott zu etwas innerlich völlig Leerem. Die protestantische Theologie hat den nihilistischen Folgen des Nominalismus durch das bloße Glauben an die überlieferten Inhalte der christlichen Botschaft entgehen wollen. Verzichtet hat sie, wenigstens bis jetzt, auf eine durch kritisches Denken geläuterte Metaphysik. Statt dessen möchte sie jene Inhalte entmythologisieren: reinigen von den überholten Vorstellungen unaufgeklärter Epochen und so passend machen für das von Wissenschaft imprägnierte Denken der Gegenwart[80].

80 Die folgenden Ausführungen verlangten eine Beschränkung. Sie

Unter den modernen Theologen hat als erster Rudolf Bultmann solche Entmythologisierung betrieben. Die traditionelle Lehre von einer überirdischen substantia divina besitzt für ihn keine objektive Grundlage mehr: das neuzeitliche Weltbild schließt ein himmlisches Jenseits, in dem Gott wohnen könnte, prinzipiell aus. Auf der Voraussetzung eines räumlichen Jenseits aber hatte in der Antike und im Mittelalter die kosmologische Glaubwürdigkeit der christlichen Theologie beruht. Solange »über« der Erde ein Empyreum und »unter« ihr eine Hölle war, besaßen die »Geschichten von der Himmel- und Höllenfahrt Christi« sinnliche Überzeugungskraft[81]. Auch Jesus konnte als Gottessohn auf die Erde gekommen sein: als ein »präexistentes himmlisches Wesen, das um unserer Erlösung willen Mensch wurde, das Leiden auf sich nahm, hin bis zum Kreuz«[82]. Mythologisch werden diese Vorstellungen nicht nur deshalb genannt, weil sie auch und ursprünglich unter den Mythologien der Juden und Heiden weit verbreitet waren und dann auf die geschichtliche Person Jesu übertragen wurden, sondern wegen ihrer Verdinglichung des Göttlichen[83]. Gerade diese Verdinglichung gehört aber untrennbar zum traditionellen Christentum. Immer hatte es von der transzendenten göttlichen Macht wie von einer irdischen Entität gesprochen und ihr dadurch vorstellbare Objektivität verliehen. Wie jede Religion, die Göttliches in menschlichen Begriffen vergegenständlichte, trug so das Christentum von Anbeginn die Gefahr der Selbstzersetzung in sich: jeder Fortschritt

konzentrieren sich auf die protestantischen und katholischen Klassiker der neueren Gotteslehre.

81 R. Bultmann, Neues Testament und Mythologie; in: Kerygma und Mythos, Bd. 1, S. 17.

82 R. Bultmann, Jesus Christus und die Mythologie, Hamburg 1964, S. 14.

83 l.c., S. 14.

der Naturerkenntnis mußte seine Aushöhlung fördern. Substantiell war der christliche Glaube an eine objektiv greifbare Gottesmacht nur solange, als menschliches Denken sein eigenes Tun nicht durchschaute: in der Hypostasis seiner Vorstellungen nicht die Herausbildung gegenständlicher Transzendenz erkannte. Von dieser Hinterlassenschaft des Mittelalters möchte Bultmann die christliche Botschaft reinigen. Er verwirft jede Theologie, die »mythologisch« von einem Gott ausgeht, der auf erkennbare Weise eine für alle Menschen verbindliche Offenbarung ewiger Wahrheiten veranstaltet hätte. Ganz in der Nachfolge nominalistischer Denktradition, die gegen metaphysisches Philosophieren stets die alleinige Realität des Einzelnen deklarierte, soll göttliche Offenbarung vielmehr immer und ausschließlich an Individuen gerichtet sein. Von ihnen werde sie in »persönlicher Entscheidung« anerkannt[84]. Rational faßbare Gründe gibt es für ihre Anerkennung nicht – weil es nichts im Bereich objektiven Wissens gibt, woran Offenbarung sich als solche ausweisen könnte. An wen sie ergeht, soll ebenso kontingent sein wie ihr Inhalt: abhängig allein von Gottes unerforschlicher Gnade. Göttliche Offenbarung geschähe demnach nur, indem göttliche Gnade zum Ereignis wird im Wort, gerichtet an einzelne Menschen – aber auch gesprochen nur »durch den Mund von Menschen«[85]. Das ist aus der kirchlichen Lehre von der Inkarnation des göttlichen Logos geworden, nachdem sie dem Entmythologisierungsprozeß unterzogen wurde. So wie einst jene Inkarnation in Worten von Jesus Ereignis geworden sei, soll sie sich, nach Bultmann, je neu in jeder »echten Predigt« und in jedem »christlichen Zuspruch« ereignen[86]. Für Bultmann und seine Anhänger dürfen aber

84 R. Bultmann; in: K. Jaspers und R. Bultmann, Die Frage der Entmythologisierung, München 1954, S. 69.

85 l.c., S. 71.

86 l.c., S. 72.

Aussagen solcher Art nicht mit dem Anspruch objektiver Wahrheit auftreten. Keine wissenschaftlich relevante Theologie könne behaupten, daß durch den Mund Jesu göttliche Worte Laut geworden seien. Antike und Mittelalter war es noch gegeben, in der Gestalt Jesu etwas Göttliches zu erblicken. Heute ist Jesus in erster Linie ein geschichtliches Phänomen. Allein durch das »Existentielle des Glaubens an ihn« soll er etwas darüber hinaus sein[87]. Nach den Maximen bultmannscher Theologie müßte die historische Betrachtung der Gestalt und Worte Jesu in diese Art des Glaubens umgewandelt werden, um »mit dem Neuen Testament konform zu bleiben«[88]. Solche Umwandlung ergibt sich jedoch nicht als logische Konsequenz aus der historischen, nach Objektivität strebenden Betrachtung. Sie entspringt ausschließlich dem Glauben des glaubenden Individuums. Existentiell bewegt von dem, was die christliche Botschaft verkündet, sagt der Glaubende »dennoch« oder »trotzdem«[89]. Er reflektiert nicht über Tatsachen, auch nicht über Heilstatsachen: er »schafft sie allenfalls«[90]. Selbst als Weltenschöpfer kann Gott darum nur noch Inhalt eines »persönlichen Bekenntnisses« bleiben, derart daß ein Mensch sich versteht als Geschöpf, das seine Existenz Gott verdankt[91]. Dies hat zur Folge, daß Gott und sein Handeln nur dem »Auge des Glaubens« sichtbar sind[92]. Gerade dort, wo für die wissenschaftliche Vernunft die Annahme eines göttlichen Agierens völlig unbegründet und absurd erscheint, soll der Glaube ein Handeln Gottes

87 E. Fuchs, Zum hermeneutischen Problem in der Theologie, Tübingen 1960, S. 73.

88 l.c., S. 73.

89 R. Bultmann, Jesus Christus und die Mythologie, S. 76.

90 E. Fuchs, Zum hermeneutischen Problem in der Theologie, S. 161.

91 R. Bultmann, Jesus Christus und die Mythologie, S. 81.

92 l.c., S. 71.

annehmen dürfen. Es gehört nach Bultmann zum Paradox des Glaubens, daß christlicher Glaube ein Geschehen, das völlig verstehbar ist in dem natürlichen oder geschichtlichen Ablauf der Dinge, dennoch als göttliches Handeln auffaßt[93]. Nur das sei »rechter Wunderglaube«[94]. Im Unterschied zum neuzeitlichen Pantheismus, der eine direkte Identität von Gottes Handeln mit den weltlichen Ereignissen annahm, hält Bultmann sich an die paradoxe Identität beider[95]. Gegen ihre scheinbare Nichtidentität setzt er sein Glaubensbekenntnis: »Ich vertraue darauf, daß Gott hier und da am Werk ist« und sein Handeln »für meine eigene Existenz« höchste Wichtigkeit besitzt[96]. Der von keinen Kriterien menschlicher Ratio abhängige Glaube wird so zum archimedischen Punkt, von dem aus die Welt szientifischer Forschung in eine Welt Gottes verwandelt würde[97]. Hauptakteur im Prozeß der Verwandlung ist der Einzelne: er muß Taten des Glaubens vollbringen – wie einst die Märtyrer des Christentums. Sein existentieller Glaube, der gegen die Fakten der Wissenschaft ein Dennoch oder Trotzdem setzt, hat das Martyrium nach innen verlegt. Es besteht im Ertragen einer gespaltenen Subjektivität, die keinen rationalen Weg sieht, der aus moderner Sinnlosigkeit herausführen könnte.

Als ein Medium, das Welt verwandeln soll, ist jener Glaube selber noch ein Stück unerkannter Mythologie. Zum Götzen gemacht wird in ihm menschliche Subjektivität, für die Gott nur innerhalb ihres Credo einen konstatierbaren Sachverhalt darstellt[98]. Es besagt das gleiche, wenn Bultmann schreibt:

93 l.c., S. 76.
94 l.c., S. 76.
95 l.c., S. 71 ff.
96 l.c., S. 74.
97 R. Bultmann, Welchen Sinn hat es, von Gott zu reden?; in: Glauben heute, Hamburg 1965, S. 211.
98 G. Ebeling, Das Wesen des christlichen Glaubens, München und Hamburg 1965, S. 77.

wer an einen solchen Gott glaubt, steht »sozusagen in einem Vakuum«[99]. Konstatierbarer Sachverhalt und Vakuum konvergieren. Hoffnung auf einen neuen Himmel und eine neue Erde klammert sich an das schlechthin Imaginäre: den je vom Einzelnen selbst zu erschaffenden Gott des »persönlichen Einsatzes«[100].

Bultmanns Theologie durch Entmythologisierung wollte als kritische Theologie verstanden sein. Was jedoch aus seiner Kritik der traditionellen Theologie hervorging, geriet ihm unter der Hand zu einer Apotheose menschlicher Subjektivität. Das Paradox einer radikalen Entmythologisierung, die dem göttlichen Weltenschöpfer eine neue Heimstatt – im Glauben – bietet, folgt der Tradition des Nominalismus, dem es nicht auf das Wahre ankommt, sondern aufs Suggerieren einer für die Menschen passenden Weltanschauung. Ohne die Annahme einer Gottheit wäre die christliche Heilsbotschaft eine ästhetische Veranstaltung: die Verheißung leibhafter Auferstehung keine Hoffnung. Das war der geheime Grund, warum Bultmann ein paradoxes Glauben an Gott zum existentiellen Mittelpunkt seiner Entmythologisierungstheologie machte. Das Willkürliche, ja Absurde dieses Gedankensprungs ist Bultmann durchaus bewußt gewesen. Theologie aber läßt sich durch irrationales Tun weder begründen noch rechtfertigen. Ihr paradoxer Glaube ist – streng und genau genommen – inhaltsleer: pures Glauben. Es existiert für sie – nach einem Wort von Paul Tillich – nichts Konkretes, auf das hin sich glauben ließe, also auch nichts, was die Macht hätte, menschliche Angst vor der Nichtigkeit alles Seienden zu besiegen[101].

Paul Tillich hat versucht, die Glaubensparadoxie Bultmanns durch Beschwörung eines Gottes zu aktivieren, der

99 R. Bultmann, Jesus Christus und die Mythologie, S. 100.
100 G. Ebeling, Das Wesen des christlichen Glaubens, S. 77.
101 P. Tillich, Der Mut zum Sein, Stuttgart 1953, S. 126-137.

frei wäre von mythologischen Vorstellungen. Völlige Entsubstantialisierung des Göttlichen sollte sein wahres Wesen offenbaren. Neu an diesem methodischen Vorgehen ist einzig die Strenge, mit der aus dem Gottesbegriff alles Prädikative entfernt wird. Tillich sieht in den Prädikaten, aus denen theologisches Denken seit der Antike kontinuierlich die Gottheit aufgebaut hatte, historisch determinierte Verdinglichungen. Gott wäre ein so und so beschaffenes Ding – insbesondere ein mit Allwissen und Allmacht versehenes. Bedeutung für die Theologie können Prädikate, Tillich zufolge, ausschließlich als Symbole haben. Sinnbildlich dargestellt werde durch sie Gottes unendliches Erhabensein über alle Grenzen des Endlichen. So etwa in der Doktrin von Gott als dem Schöpfer der Welt. Sie weise hin auf die Abhängigkeit alles Bedingten von einem absolut Unbedingten[102]. Wer dagegen die Schöpfungslehre nicht symbolisch, sondern wörtlich nähme, hätte sich eine göttliche Entität vorzustellen, die irgendwo in einem Raum existiert und eine neben ihr befindliche Welt geschaffen hat. Diese mythologische Denkweise reihe Gott ein in die Gesamtzahl der kosmischen Dinge. Eben deshalb sei nur in einem symbolischen Sinn von Gott als dem creator mundi zu reden möglich. Den zu einer Entität verdinglichten Gott der theistischen Religionen will Tillich bloß als Symbol gelten lassen: Symbol für einen »Gott über dem Gott des Theismus«[103].

Was jedoch bliebe von einem übertheistischen Gott seinem ontologischen Gehalt nach? Tillich erteilt folgende Antwort: »Das Sein Gottes ist das Sein-Selbst«[104]. Dieses übertheistische »Sein-Selbst« soll nicht verstanden werden im Sinne des mittelalterlichen ipsum esse: eines allem

102 P. Tillich, Systematische Theologie, Stuttgart 1956, Bd. 1, S. 290ff.

103 P. Tillich, Der Mut zum Sein, S. 134ff.

104 P. Tillich, Systematische Theologie, Bd. 1, S. 273.

Kontingenten entrückten Seienden[105]. Als solches war das zum Absoluten erhobene Sein der nominalistischen Kritik verfallen. Sie brachte zum Vorschein, daß es keineswegs höchste Realität, sondern ein bloßes Produkt der Philosophie ist. Dem wollte Tillich Rechnung tragen – wie vor ihm, richtungweisend für alle neuere Ontologie, schon Schelling. In seiner Naturphilosophie heißt es: »Da alles, von dem man sagen kann, daß es ist, bedingter Natur ist, so kann nur das Sein selbst das Unbedingte sein«[106]. Das Prädikat »seiend« ist für Schelling beschränkt auf die Gegenstände der menschlichen Wahrnehmung. Sie nur seien Glieder von gesetzmäßigen Zusammenhängen, innerhalb von denen sie – aufeinander wechselseitig einwirkend – ihre Existenz zu erkennen geben, also manifestieren, daß sie Seiende sind und nicht etwa reines Nichts. Diese Beschränkung von Seiendem auf sinnlich wahrnehmbare Dinge entsprach der nominalistischen Denktradition. Ein oberstes Prinzip jener Zusammenhänge, das die idealistische Philosophie der Neuzeit, auch als sie von Kant an kritisch ward, stets annahm, muß nach Schelling gegenüber dem, was in erfahrbaren Wechselwirkungen steht, ontologisch eine völlig andere Beschaffenheit aufweisen. Als das alles Empirische übersteigende »Sein selbst« dürfe von ihm niemals gesagt werden, daß es »ist«[107]. Es, das weder ein Seiendes noch ein Nichts sei, soll in seiner Funktion aufgehen: dem Stiften von Zusammenhängen – das heißt in »absoluter Tätigkeit« ohne eigenes Substrat[108]. Wie substratlose Tätigkeit real möglich oder auch nur denkbar

105 l.c., Bd. 1, S. 280.

106 Fr. W. J. Schelling, Einleitung zu dem Entwurf eines Systems der Naturphilosophie, WW II, ed. Schröter, München 1977, S. 283.

107 Fr. W. J. Schelling, Erster Entwurf eines Systems der Naturphilosophie, WW II, S. 11.

108 l.c., S. 13.

wäre, hat Schelling nicht erklärt. Halb im Stile eines Mysteriums, halb nach der Art eines Bluffs wird der Frager vor die Tür gesetzt: »Wer keine Tätigkeit ... ohne Substrat denken kann, kann überhaupt nicht philosophieren«[109]. Von dieser Phrase fällt leider ein fahles Licht auch auf die Bedingung, welche Tillich der Beschäftigung mit Philosophie stellt: daß nämlich »zum Philosophieren Glaube gehört«[110]. Durch eine solche Verriegelung läßt auch er alles Philosophieren von den Vorsokratikern bis zu den modernen Vertretern einer rationalen Weltauffassung vor der Tür stehen. Seine Erklärung: weil nur Gott selber Gott kennt, ist er allein in der Lage, durch seine Offenbarungen glaubenden Menschen ein Wissen vom tiefsten Grund ihres Seins zu vermitteln[111]. Schelling machte die Fähigkeit zum Philosophieren abhängig von dem Kunststück, substratlose Tätigkeit denken zu können. Tillich läßt die menschliche Vernunft zur Wahrheit nur zu nach Ablegung eines Glaubensbekenntnisses – des protestantischen Credo, das die menschliche Vernunft zu einer mit untilgbarer Sünde behafteten Entität erniedrigt hatte[112]. Unzugänglichkeit für diskursives Denken ist der entscheidende Charakterzug göttlichen Seins bei dem einen wie dem anderen. Falsch gestellt scheint beiden die ontologische Frage, ob und wie jenes Sein etwas Wesenhaftes in sich selber sei: es »ist« nur, indem es je und je »sich selbst schafft in Ewigkeit«[113]. Für Tillichs Theologie bedeutet das:

109 Fr. W. J. Schelling, Einleitung zu dem Entwurf eines Systems der Naturphilosophie, WW II, ed. Schröter, München 1977, S. 308.
110 P. Tillich, Biblische Religion und die Frage nach dem Sein, Stuttgart 1956, S. 59.
111 l.c., S. 51 und 58.
112 Vgl. l.c., S. 58.
113 P. Tillich, Systematische Theologie, Bd. 1, S. 291. Vgl. auch Fr. W. J. Schelling, Philosophie der Offenbarung, Frankfurt am Main 1977, S. 169f.

Gott ist weder eine Substanz noch überhaupt ein Seiendes – nicht einmal unter dem Namen eines »vollkommensten Wesens«[114]. Positiv soll diese negative Bestimmung besagen: das göttliche »Sein-Selbst« als das, wodurch etwas ist und nicht einfach nichts, gibt es nicht wie Seiendes, sondern nur als dessen »schöpferischen Grund«[115]. Verwandelt in ein nicht mehr ontisch zu denkendes »Gott über Gott« erhält Gott in der Theologie von Paul Tillich die Glorie der Weltbegründung zurück, die er im Prozeß neuzeitlicher Naturerklärung immer radikaler verloren hatte. Wie der alte Gott gilt auch der Gott jenseits des Theismus als »unbedingte letzte Wirklichkeit«[116]. Ein qualitativer Unterschied besteht allerdings in Beziehung auf den gnoseologischen Wert einer solchen Prädikation. Der alte Gott war im antiken und mittelalterlichen Weltbild die Klimax: der höchste Punkt in der metaphysischen Erhebung menschlichen Denkens. Dagegen ist »Gott über Gott« das schlechthin Unbedingte nur noch unter der Voraussetzung eines Glaubens, der ihn als das Absolute nimmt, obgleich keine Vernunfterkenntnis irgendwelche Motive dazu bereitstellt[117]. Ohne rationale Beweggründe verdankt sich diese Glaubensfähigkeit jeweils Gnadenakten: es sind Gnadenakte Gottes – eines »Gottes über Gott«, an den fortan geglaubt wird[118]. Seine helfende Kraft weiß Tillich in allen Menschen wirksam, die in der Angst religiösen Zweifels nach einem letzten Woher und Wohin ihrer Existenz fragen. Das heißt, immer nach Tillich: wo sie den traditionellen Gott als tot erkennen, eine Lücke dort verspüren, wo Gott der Sinn ihres Lebens sein müßte, erfahren sie – jenseits des theistischen Gottes – einen anwesenden

114 P. Tillich, Systematische Theologie, Bd. 1, S. 273.
115 l.c., S. 293 ff.
116 P. Tillich, Biblische Religion und die Frage nach dem Sein, S. 53.
117 l.c., S. 58 f.
118 l.c., S. 60.

Gott[119]. Sie können Ja zu ihm sagen, weil sie – im »Ergriffensein« von ihm – fähig sind, der »immer gegenwärtigen Drohung des Nichtseins«, das sie »in Schicksal und Tod« ereilen kann, ein »Trotzdem des Glaubens« entgegenzustellen[120].

Dieses »Trotzdem« ist der existentielle Kern von Tillichs entmythologisierter Theologie. Sie hat ihr principium vitale im subjektiven Glauben – nicht in der konsistenten Vorstellung von einem wahren Sein des Göttlichen. Was sie für »Gott über dem Gott des Theismus« hält, ist nur die Hypostasis eines Agierens ohne Agens. Einem nichtseienden Gott wird höhere Dignität zugesprochen als Seiendem. Hinter solchem Nihilismus steht – ganz ähnlich wie bei Schelling – die nominalistische Seinslehre: also eine auf Empirisches vereidigte Realitätsauffassung. Ein objektives Dasein räumt sie nur Dingen ein, die menschlicher Beobachtung zugänglich sind. Aus der stillschweigenden Übernahme ihres antimetaphysischen Dogmas resultiert bei Tillich die unkritische Gleichsetzung von Endlichem und Seiendem. Sie verbietet ihm, Gott als einen, der da ist, zu denken. Die ontologische Schwäche seiner Theologie ist die Strafe für den Verzicht auf die kritischen Überlegungen.

Für Bultmann wie für Tillich konnte der Glaube an Gott keinem Inhalt mehr gelten, der objektiv, das heißt bereits vor dem Glauben vorhanden wäre. Die Methode ihrer Gotteslehre verfährt so, als ob eine Brücke gebaut würde in der Erwartung, daß sich daraufhin ein jenseitiges Ufer bilde. Dieses paradoxe Verfahren fand, nahezu gleichzeitig, in der Theologie von Karl Barth seine schärfste Antithese. Sie kulminiert in einer programmatischen Forderung: unendlich wichtiger als alle Akte des Glaubens sollen für den Christen

119 P. Tillich, Der Mut zum Sein, S. 134ff.
120 l.c., S. 125 und 136.

die überlieferten Inhalte seiner Gotteslehre sein[121]. Barth sieht in der modernen Umkehrung dieses Verhältnisses, in der Relativierung aller Dogmen auf das Denken und Fühlen der Menschen, einen Irrweg des Christentums, der zu seiner Auflösung führen muß. Ihr will er entgegenwirken. Sein Verlangen nach absoluter Geltung dessen, was Gott selber in mannigfachen Offenbarungen zum Gegenstand christlichen Glaubens hatte werden lassen, strebt zurück hinter die Reformation zur objektiven Theologie des Mittelalters. Sie besaß die Basis für ihre Objektivität in einer von Platon und Aristoteles begründeten metaphysischen Weltauffassung. Ähnlich wie die mittelalterlichen Kirchenlehrer fordert Barth höchste Objektivität der Theologie – diesmal aber ohne Stütze in irgendeiner Metaphysik. Inspiriert von der traditionellen Vorstellung des Protestantismus, daß der mit Erbschuld behaftete Mensch aus eigener Kraft nur verkehrte Wege gehen könne, hält er eine natürliche Theologie für unmöglich[122]. Gegenüber den mittelalterlichen Versuchen eines metaphysischen Aufstiegs von den kontingenten Dingen zu einem obersten Prinzip ihres Seins erscheint ihm menschliche Gotteserkenntnis allein möglich in der Form eines übernatürlichen Wissens durch Gottes eigene Offenbarung. Sie, deren Existenz die Heilige Schrift bezeuge, solle höchste Autorität sein: eine in sich gegründete Macht des göttlichen Wortes. Einzig indem man die Offenbarung leugne, könne »man ihr einen von ihr selbst verschiedenen höheren oder tieferen Grund zuschreiben, oder sie von einem solchen höheren oder tieferen Grund aus verstehen, annehmen oder ablehnen« wollen[123]. Wirklich und wahr sei sie aber »von keinem Anderen« her, sondern »in sich und

121 K. Barth, Dogmatik im Grundriß, Zürich 1947, S. 16ff.
122 K. Barth, Kirchliche Dogmatik, II/1, 293.
123 K. Barth, Kirchliche Dogmatik, I/1, 321.

für uns durch sich selber«[124]. Eine derartige Behauptung zur Evidenz zu bringen, ist Barth nicht gelungen. Auch konnte er auf keinen Fall in der Geschichte der Theologie hinweisen, wo eine Offenbarung in sich und für die Menschen wirklich und wahr durch sich selber gewesen wäre. Aus bloßer Meinung erhebt er die Forderung, wonach der Gott des Christentums ohne Einschränkung in seiner irdischen Gestalt anzunehmen sei, so wie er selber sie für eine Offenbarung seiner »extramundanen Wirklichkeit«[125] bestimmt habe. Barth wörtlich: »Gott ist der, der da ist im Buch des Alten und Neuen Testamentes, das von ihm redet. Und die christliche Definition Gottes besteht einfach in der Feststellung: da wird von ihm geredet, also laßt uns hören, was da von ihm gesagt wird. Dieser, der da zu sehen und zu hören ist, ist Gott«[126]. Ein solch ungewöhnlicher Gottesbegriff hätte einer gnoseologischen Rechtfertigung bedurft. Sie aber wurde von Barth weder angestrebt noch auch nur für notwendig erachtet. Vielmehr sieht er die höchste Tätigkeit der menschlichen Vernunft im schlichten »Vernehmen« der Inhalte des christlichen Glaubens. Er postuliert Rückkehr zu mythischem Denken, wenn er behauptet: »Gotteserkenntnis findet da

124 l.c., I/1, 321.

125 l.c., III/3, 201f. – Für eine kritische Betrachtung ist es gleichgültig, worin das extramundane Weltprinzip gesehen wird: ob mit Paul Tillich in einem »Gott über dem Gott des Theismus« (P. Tillich, Der Mut zum Sein, S. 134ff.) oder mit Karl Barth in einem »grundsätzlich Anderen« gegenüber dem, was »sonst Gott zu heißen pflegt« (K. Barth, Dogmatik im Grundriß, S. 40). Denn in der Perspektive der Ontologie ist dieses »ganz Andere« ebenso wie jener »übertheistische Gott« die bloße Namensgebung für eine im Grunde rein spielerische Negation des traditionellen Gottes. Hier wie dort bleibt von einer angeblich »transmundanen Wirklichkeit« des Göttlichen nur eine volitive Autosuggestion.

126 K. Barth, Dogmatik im Grundriß, S. 42.

statt, wo göttliche Offenbarung, Erleuchtung des Menschen durch Gott« und so »Belehrung des Menschen durch diesen Lehrer ohnegleichen stattfindet«[127]. Von all dem, was in der Bibel als Offenbarung bezeichnet wird, gibt es keine überprüfbaren Zeugnisse für einen göttlichen Ursprung und – muß man wohl sagen: es kann sie auch nicht geben. Barths antimoderne Theologie, die ihn prätendiert, hätte eigentlich anstelle solcher Zeugnisse sich selbst für einen Bestandteil der Offenbarung erklären müssen. Nur als eine unmittelbare Äußerung des Gottes, von dem die Propheten und Apostel berichten, daß sie seine Stimme gehört und seinen Willen allen Menschen zu verkünden hätten, hätte jene Theologie ein Wissen über den göttlichen Ursprung der christlichen Heilsbotschaft beanspruchen dürfen. Ohne ein solches Offenbarungswissen bleibt nur der Glaube an die Wahrheit der biblischen Aussagen übrig: ein Glaube allem Gegenteiligen »zum Trotz«[128]. Glaube von dieser Art soll möglich sein – möglich allein durch göttliche Gnade[129]. Diese Bindung des Glaubens an göttliche Gnade folgt den Leitgedanken von Barths Theologie: der Lehre vom Primat der Offenbarungsinhalte, die Gegenstand christlichen Glaubens zu sein hätten, ebensosehr wie der Doktrin vom sündigen, aus eigener Kraft zu wahrer Gotteserkenntnis unfähigen Menschen. Die Entscheidung eines Menschen für Gott, zu der protestantischer Theologie göttliche Gnadenakte stets unentbehrlich schienen, hat Karl Barth radikal diesem Menschen abgenommen und in Gott hineinverlegt: es ist der Willkürgott der Nominalisten und Luthers. Denn konkret heißt das: die erleuchtende Gnade dieses Gottes läßt den Glauben auserwählter Menschen entstehen, einen Glauben, der »wesensnotwendig Gehorsam ist, ein Akt menschlicher Entscheidung entspre-

127 l.c., S. 27.
128 l.c., S. 16ff.
129 K. Barth, Kirchliche Dogmatik, II/1, 27.

chend dem Akt göttlicher Entscheidung«[130]. Solche Vermittlung des Glaubens impliziert ein Problem, dem Barth niemals die Beachtung geschenkt hat, die es verdient: das Problem einer menschlichen Autonomie. Die vollständige Determination des subjektiven Credo durch Gottes erleuchtende Gnade nimmt den Menschen, was jede christliche Theologie, die keinem Pantheismus verfallen will, voraussetzen muß: die Freiheit einer auf eigenes Denken gegründeten Entscheidung. Ohne sie sind Akte des Glaubens, als zuinnerst menschliche Akte, nicht möglich. Barth aber kennt nur den souveränen Gott. Einzig er vermag Begnadete zum Glauben an das Evangelium Jesu Christi zu bestimmen; das bedeutet zugleich gegenüber den Unbegnadeten, daß er ihnen einen transzendenten Sinn ihres Daseins verweigert. Preisgegeben wird beidemale das menschliche Ich: seine »Negation« ist das Opfer für »Gottes Triumph«[131]. Darin besteht das Spezifische der barthschen Theologie – ihr paradoxes Wesen.

Sie ist nicht weniger gegen kritisches Denken gerichtet als die Existentialtheologien von Bultmann oder Tillich. An die Stelle der paradoxen Entscheidung glaubender Menschen für einen Gott, der ausschließlich in den Akten ihres Glaubens existiert, ist die Beugung unter einen Gott getreten, dessen willkürliches Walten in diametralem Gegensatz steht zu dem Streben der Menschen nach ewigem Glück. Hier wie dort läuft der Gedanke hinaus auf eine Flucht ins Irrationale – einen Rückzug aus der Welt, die immer berechenbarer und sinnleerer zu werden droht. Die auf empirisch Faßbares begrenzte Rationalität der Welt naturwissenschaftlicher Forschung hätte der Ausgangspunkt sowohl der Theologie von Barth wie auch jener von Tillich und Bultmann sein müssen. Auf sie war zu reflektieren und zu untersuchen, ob

130 l.c., II/1, 27.
131 l.c., I/2, 283f.

und wie eine Theologie möglich wäre, die sich nicht damit zufrieden gäbe, den Nihilismus der Moderne durch irrationale Konstruktionen zu verdecken. Seine geistige Überwindung ist weder zu erreichen durch existentielles Glauben an einen imaginären Gott noch durch Einschränkung der menschlichen Vernunft aufs bloße Vernehmen der christlichen Offenbarung. Erwachsen kann eine Befreiung aus den theoretischen Schlingen des Nihilismus nur auf dem Wege einer Erkenntnis seiner Genesis.

Eine Erkenntnis dieser Art zu fordern, wäre auch der katholischen Theologie von Nutzen. Nur scheinbar hatte in ihr der Glaube an die Inhalte der christlichen Offenbarung seine Objektivität bewahrt. Was ihn bis ins neunzehnte Jahrhundert hinein als einen objektiven Glauben erscheinen ließ, war das Festhalten der katholischen Kirche am mittelalterlichen Weltbild. Sie duldete in den Bereichen ihrer Macht kein Wissen, das ihre Theologie hätte relativieren können. Solche Unterdrückung war die katholische Gestalt der Trennung von Glauben und objektivem Wissen. Das wird heute von der katholischen Theologie auch selber zugegeben. Sie sieht sich selbst dort an reines Glauben verwiesen, wo sie einst sicheres Wissen zu besitzen meinte. Wie die protestantische Theologie kann auch sie nicht mehr sagen, woher Gott kam, als er Mensch wurde, und wohin ihn seine Himmelfahrt führte. Denkbar als »numinoser Vorhof« des »Überweltlichen und des darin angesiedelten Jenseits« sei die Welt allenfalls im Mittelalter gewesen[132]. Für seine Kosmologie besaß der Raum absolute Priorität vor der Zeit und jedem kosmischen Werden. Heute ist es genau umgekehrt: kosmischer Raum wird von den physikalischen Wissenschaften als ein Resultat der Expansion von Materie

132 J.B. Metz, Zukunft gegen Jenseits?, in: Christentum und Marxismus heute, Wien 1966, S. 218.

begriffen. Ihre evolutive Weltauffassung stellt die idealistischen Systeme vergangener Epochen auf den Kopf. Das Einfachste im materiellen Bereich erscheint nicht mehr als letzte Abschattung von reinem als einem göttlichen Geist. Von der ehedem verachteten Materie hätte das All seinen Ausgang genommen. Die höheren Entitäten wären demnach Resultate aus der Genese einer Materie, welche die Fähigkeit besäße, sich selbst zu organisieren und zu immer konkreteren Gebilden zu entfalten. Die bisher höchste Erhebung solcher Evolution der Materie bildet – von niemand bestritten – der Mensch. Dessen Besonderheit war von Anbeginn ein Suchen nach der eigenen Herkunft. Der gegenwärtige Stand seines evolutionstheoretischen Wissens begreift die menschliche Geschichte als einen Teil der kosmischen. Sie wäre die Phase, in der Natur zum Bewußtsein ihrer selbst gelangt. Diese Hypothese einer Selbsterhebung der Materie ins Geistige, die alles Übernatürliche auf Natur relativiert, haben die Theologen sofort als den radikalsten Angriff auf jegliche Religion erkannt. Für sie steht fest: intendiert wird von den modernen Evolutionisten – wie schon von den materialistischen Kosmologen der Antike – der Entwurf einer Welt, die zu ihrer Genesis eines Gottes nicht mehr bedarf. Der Protestantismus hat sich dieser Intention auf Verwandlung des Kosmos aus einer Setzung von »oben« in ein Resultat der Evolution von »unten« nicht gestellt. Er steigerte sein credo quia absurdum zu einer Glaubensvirtuosität, die kosmologische Gründe für die Annahme eines Gottes generell verwirft, gleichwohl aber ein Bekenntnis zu einem göttlichen Weltenschöpfer ablegt. Die katholische Theologie, motiviert durch ihre stete Frontstellung gegen protestantischen Glaubensabsolutismus, möchte mehr verkünden als eine vage Hoffnung: sie braucht einen Glauben, der von einem objektiv gültigen Wissen abgesichert wird. Dieses Postulat hat zu dem Versuch geführt, das Christentum von mythischen

Vorstellungen abzulösen. Entmythologisierung im Katholizismus zielt auf eine »Einpassung«. Sie sollte vor allem die Schöpfungslehre und die Christologie mit der modernen evolutiven Weltanschauung versöhnen[133].

Für eine solche Einpassung fordert Karl Rahner, immerhin der angesehenste und wirksamste Denker der römischen Kirche in den letzten Jahrzehnten, zwei Veränderungen: katholische Theologie muß sowohl ihre Auffassung über das Verhältnis von Materie und Geist wie ihre Lehre von Gottes schöpferischem Wirken einer tiefgreifenden Korrektur unterziehen. Sie muß – konkret gesprochen – bereit sein zu dem Bekenntnis, daß Materie und kreatürlicher Geist nicht, wie für Platons dualistische Philosophie, radikal verschieden und einander wesensfremd sein können[134]. Vermöge ihrer Herkunft aus Gottes absolutem Geist wäre die Materie vielmehr als in sich geistig zu denken: als »eingegrenzter, gewissermaßen gefrorener Geist«[135]. Diese Bestimmung der Materie übernimmt nahezu wörtlich – allerdings ohne Angabe von Quellen – eine Definition der Natur aus den idealistischen Systemen von Schelling und Hegel. In der »sogenannten toten Natur« wollte Schelling eine »unreife Intelligenz« entdeckt haben[136]. Für Hegel war die Natur sogar ein versteinerter Gott: der sich entfremdete Geist. Daraus sollte sich erklären, daß die Natur wieder zu Geist zu werden suche[137]. Solche Spiritualisierung der Natur ist das verhohlene Modell auch der theologischen Weltinterpretation von Rahner. Wie Hegel sieht er in der »Entwicklung des Kosmos« eine Bewe-

133 Vgl. K. Rahner, Schriften zur Theologie, Band V, Einsiedeln 1964, S. 183 ff.

134 K. Rahner, l.c., Band VI, Einsiedeln 1965, S. 205.

135 l.c., S. 203.

136 Schelling, System des transzendentalen Idealismus, WW II, S. 341.

137 Hegel, System der Philosophie, 2. Teil, WW IX, S. 50.

gung, die »in all ihren Phasen getragen ist von dem Drang« nach einem »immer näheren und bewußteren Verhältnis zu ihrem absoluten Grund«[138]. Das konnte Rahner nur sagen, wenn er stillschweigend eine idealistische Kosmologie an die Stelle des naturwissenschaftlichen Gedankens der Evolution treten ließ. Der naturwissenschaftliche Gedanke einer kosmischen Entwicklung kennt weder die Idee eines absoluten Ursprungs noch die eines wie immer gearteten Ziels. Die Methoden naturwissenschaftlicher Forschung sind begrenzt auf die experimentelle Bestimmung eines gesetzmäßigen Verhaltens von materiellen Gegebenheiten in Wechselwirkung mit anderen materiellen Gegebenheiten. Auf solche Weise erkannte Gesetzmäßigkeiten sagen nichts aus über den Weg, der von den physikalisch ermittelten kleinsten Einheiten der Materie zu konkreteren Gebilden führt: den Objekten der Chemie und Biologie. Deren Evolution läßt sich mit dem Begriffsapparat der Physik nicht erklären. Was physikalisches Denken nicht leisten kann, aber schien Rahner möglich: eine stringente Erklärung evolutiven Geschehens durch Theologie. Das Prinzip kosmischen Werdens von höheren aus niedrigeren Entitäten sollte sich in einer »Dynamik des göttlichen Seins« verkörpert finden[139]. Voraussetzung für diesen Gedanken ist die inhaltlich auf Schelling und Hegel zurückgehende Bestimmung der Materie als gefrorener Geist, das heißt als ein räumlich begrenztes Seiendes, das in Gottes Selbstbegrenzung seinen Ursprung habe. Wie der grenzenlose Gott in sich Grenzen setzen und so sein immaterielles Sein in stoffliche Entitäten umformen kann: dies seit der Antike bestehende Problem hat Rahner – im Unterschied zu Schelling und Hegel – nicht erörtert und schon gar nicht zu lösen versucht. Die Lösung wird

138 K. Rahner, Schriften zur Theologie, Band V, S. 199.
139 l.c., Band VI, S. 180.

Gott zugeschoben: seiner potestas absoluta. Durch sie habe die materielle Welt im Schöpfungsakt ihr Sein und Werden so innig von Gott empfangen, daß »er selbst ihr innerstes Leben« wurde[140]. Die göttliche Dynamik in allen stofflichen Entitäten ist für Rahner der Motor der Evolution. Was im allmählichen Werden von Höherem aus Niedrigerem sich abspiele, sei stets ein Übergang von einer engeren Eingrenzung immateriellen Seins zu einer weniger engen: ein stufenweiser Aufstieg von gefrorenem zu »wirklichem Geist«[141]. Das naturwissenschaftlich ungelöste Problem der Entwicklung von konkreteren aus einfacheren Gebilden löst sich für Rahner, weil er zu wissen meint, worin Materie ihr Wesen habe: nämlich in göttlichem Geist als ihrer obersten Ursache. Die Evolution stofflicher Entitäten wird zu einer Kette von Aufhebungen göttlicher Selbsteingrenzungen: als »Kosmosgeschichte« ist sie eine »Geistesgeschichte«[142]. Deren »sinngerechtes Ziel« erblickt Rahner in der unmittelbaren Manifestation »des absoluten Grundes selbst im Begründeten«[143]. Sie soll in Jesus Christus geschichtliches Ereignis geworden sein. In ihm nehme Gottes unsichtbare Weltimmanenz sichtbare Gestalt an. Die Menschwerdung Gottes hat, so gedacht, rein phänomenologische Bedeutung: sie ist ausschließlich als ein »Sich-in-Erscheinung-Bringen« des ewigen Logos in der Endlichkeit aufzufassen[144]. Ontologisch wird die Sphäre des Materiellen vermieden, zugunsten einer Sphäre des Spirituellen, auf die Rahner alle kosmischen Gebilde zurückführen möchte. Von dem christlichen Dogma einer Menschwerdung Gottes in der Person von Jesus Christus bleibt nichts übrig. An seine Stelle tritt die Vereinigung eines grenzenlosen gött-

140 l.c., Band V, S. 199.
141 l.c., Band VI, S. 212 f.
142 l.c., Band V, S. 199.
143 l.c., S. 199.
144 l.c., Band VI, S. 206.

lichen Geistes mit dessen Einschränkung, die er sich selbst verordnet hätte. Eine substantielle Einheit von qualitativ Verschiedenem: nämlich von menschlicher und göttlicher Natur, wäre von den ontologischen Voraussetzungen dieser Theologie her nicht einmal denkbar.

Karl Rahner hatte eine neue Einheit von Glauben und Wissen begründen wollen. Sein ursprünglicher Plan war, die christliche Schöpfungslehre und das Dogma von der Inkarnation des göttlichen Logos der evolutiven Weltanschauung der Moderne anzunähern. Anstelle einer solchen Annäherung lief sein Projekt jedoch auf eine Auflösung der beiden Positionen hinaus. Das Resultat war eine pantheistische, jedenfalls nicht mehr christlich zu nennende Ontologie[145]. In ihr sind alle Menschen auf ein Innerstes bezogen: auf den

145 Nicht weniger als Rahner war auch Teilhard de Chardin in seiner Deutung der Weltgenese abhängig von Hegels pantheistischer Naturauffassung. Wie dieser läßt Teilhard den Gott des Christentums in die Materie eintauchen, um in ihr die »Führung« dessen zu übernehmen, was »wir heute Evolution nennen« (P. T. de Chardin, Der Mensch im Kosmos, München 1959, S. 305). Der so konzipierte Aufstieg von Niederem zu Höherem wird vorgestellt als ein Prozeß, in dem Gott die Materie zu sich als dem Scheitelpunkt aller Evolution emporzieht. Nur deren Außenseite soll begrifflich fixierbar sein, das Entstehen immer komplexerer Gebilde, nicht der in ihr wirkende Gott noch auch das Wesen der Materie. Diese kognitive Begrenzung des menschlichen Intellekts entspricht der empirischen Denkweise, der sich Teilhard als Naturwissenschaftler verpflichtet wußte. Sie zwang ihn, auf eine Darstellung der Innenseite kosmischen Geschehens zu verzichten. Dann hätte er allerdings auch nicht im Geiste hegelscher Metaphysik sagen dürfen, das Universum sei der Leib der Gottheit, mit dem sie sich durch den Akt der Schöpfung umkleidete (l. c., S. 308). Einzig auf dem Boden jener Metaphysik wird die Welt zum »Kreuz« des inkarnierten Logos, das er trägt, um »die Totalität der Materie zu erheben und zu erlösen« (P. T. de Chardin, Die Zukunft des Menschen, Olten 1963, S. 128).

Platz des universalen Gottes. Eine solche Hinordnung gilt Rahner als die Voraussetzung zu einer völligen Übereinstimmung menschlicher Sehnsucht nach Glück mit dem zentralen Gedanken des Christentums. Für ihn liegt er beschlossen in der Botschaft Jesu, daß Gott aus unendlicher Liebe zu den Menschen handele und sie zum ewigen Heil führen wolle[146]. Nach uralter christlicher Tradition erfüllt dieses Heil sich in seliger Anschauung der Gottheit. Wie eine derartige visio beatifica zu denken wäre, wenn sie denn menschliche Hoffnung auf himmlisches Glück erfüllen sollte, ist seit Origenes für die katholische Theologie ein peinliches Problem geblieben. Dieser große Denker des frühen Christentums hat als erster die Dialektik erkannt, die im Begriff einer seligen Anschauung dessen liegt, was schon Platon als das Wesen des göttlichen Seins verkündet hatte: daß es reine Einheit sei. Im Einklang mit den Philosophen und Theologen der vergangenen wie der kommenden Äonen wollte Origenes in Gott die über alle kosmische Mannigfaltigkeit erhabene Monas sehen. Vermöge vollkommener Identität mit sich hielte sich dieser Gott frei von jeglicher Kontingenz. Damit aber verfiel Origenes dem gleichen Irrtum wie die Platoniker vor ihm: er übersah, daß solche Transzendenz zu allem Veränderlichen nur im menschlichen Denken eine Stelle finden kann. Das – ungewollte – Ergebnis ist eine Limitation des Göttlichen auf das bloße Gegenteil der sinnlich wahrnehmbaren Dinge. Sinnliches, das seit der vorsokratischen Philosophie aus den Bestimmungen des Göttlichen immer radikaler verbannt worden war, gehörte ursprünglich zum festen Bestand aller frühen Religionen. Dort besaßen die Götter Leiber, deren Genußfähigkeit zu ihrer Seligkeit beitrug. Menschen, welche in das Reich der Unsterblichen eintreten durften, nahmen an ihrer sinnlichen Lust teil. Für den streng idealistisch denken-

146 K. Rahner, l.c., Band VI, S. 546.

den Origenes änderte sich – platonischem Vorbild gemäß – die Funktion begehrenswerter Leiber: aus Gegenständen der Lust wurden sie zu Strafgefängnissen im irdischen Dasein menschlicher Seelen. Die himmlische Seligkeit, zu der Seelen nach leidvoller Katharsis aufsteigen, schließt jedes sinnliche Glück aus. Es wird ersetzt durch das, worauf bereits die sinnenfeindliche Metaphysik der Platoniker überirdische Seligkeit reduziert hatte: geistiges Anschauen der Einheit göttlichen Seins – einer Einheit, deren visio nur Überdruß auslösen könnte. Unklar bleibt bei einer so unzweideutigen Zuordnung der moralischen Sphären – von göttlicher Einheit bis hinab zu sinnlicher Verdammung – das Motiv, welches die menschlichen Seelen angesichts der visio beatifica nach unten ziehen mag. Für die traditionelle Theologie erübrigt sich freilich diese Frage. Was sie sich nicht eingesteht, ist der Verlust an Überzeugungskraft bei denen, die nicht mehr in gefestigten Glaubenskategorien aufgewachsen sind. Ihnen läßt sich die Lehre von der verdammenswerten, aber denn doch aktiven und daseinsbestätigenden Kraft der sinnlichen Begabung in eins mit der Lehre von dem Glück einer totalen Passivität und Beschränkung auf die widerspruchslose Hinnahme einer unterschiedslosen Einheit nicht mehr glaubhaft machen. Für katholische Glaubensstrategien besteht das Hauptproblem im Antagonismus der beiden Thesen. Eine sorgfältige Analyse dieses Antagonismus muß unweigerlich zu der Erkenntnis führen, daß ein Gott, als intellectualis natura simplex gefaßt, nicht die Fülle des Seins darstellen kann, sondern aufgeht in der Affirmation eines abstrakten Gegensatzes zur kosmischen Mannigfaltigkeit. An solcher Erkenntnis hinderte die katholischen Theologen von Anbeginn ihre unkritische Übernahme der Gottesvorstellung, wie sie in der platonischen und aristotelischen Metaphysik ausgearbeitet vorlag. Wohl gilt mit dogmatischer Strenge, daß es für menschliches als ein endliches Denken unmöglich sei, ins

Innere der Gottheit einzudringen. Wie in der Vergangenheit aber bleibt dieses Dogma auch in der Gegenwart ohne Wirkung. Nach wie vor werden über Gott Aussagen gemacht, die einer Bestimmung seines Wesens gleichkommen – vor allem in Gestalt der traditionellen Rede von der »absoluten Einfachheit Gottes in sich selbst«[147]. Die visio beatifica dieses Gottes kann, wie Rahner mit Bedauern einräumt, nur in der endgültigen Gewißheit bestehen, daß auch der unmittelbar angeschaute Gott für die Menschen ewiges Geheimnis bleibe, eben weil er das schlechthin »Absolute und Einfache« sei[148]. Hilfreich für die Läuterung des religiösen Bewußtseins würde ein solches Eingeständnis allerdings erst auf der Basis einer klaren Trennung der Realität des Göttlichen von seiner durch Menschen veranstalteten Subsumtion unter eine ontologische Kategorie. Eingegrenzt auf reine Identität, in die nichts eindringen kann, ist Gott – was Rahner übersah – nicht von sich aus ein unergründliches Geheimnis, sondern nur ein Mysterium durch ein menschliches Denken, das von der Welt und seinen eigenen Leistungen abstrahiert. Diese auch theologisch längst sanktionierte Eingrenzung der Gottheit kommt Rahner mit seiner Idealisierung der Materie entgegen. Deren Transsubstantiation in pantheistischer Richtung, nämlich ihre Beförderung zu gefrorenem Geist, macht aus den Menschen ein durch und durch spirituelles Etwas. Sie sollen rein geistige Entitäten sein. Ihnen adäquat sei intellektuelles Anschauen von absolutem als dem göttlichen Geist. Die indirekte Widerlegung solcher Metaphysik des menschlichen Seins war die Theologie des Origenes gewesen. Indem er die anima humana am Anblick einer intellectualis natura simplex Überdruß empfinden ließ, denunzierte er, absichtslos, alle Theorien, die rein geistiges Anschauen von

147 K. Rahner, l.c., Band IV, Einsiedeln 1964, S. 75 f.
148 l.c., S. 58.

absolutem Geist für eine visio beatifica ausgeben, als menschenfeindliche Theorien – seine eigene nicht ausgenommen. Ihr anthropologisches Axiom ist die Verneinung der Sphäre des Sinnlichen: eines konstitutiven Teils des konkreten Menschen, der ebenso zu dessen Wesen gehört wie die Sphäre des Psychischen. Daraus folgt aber eine bedeutsame Quintessenz: Seligkeit, die nicht der natura hominis widerspräche, erfährt die menschliche Seele nur gepaart mit sinnlichem Glück, nicht als bloß intellektuelle eines übermenschlichen Geistes; denn das ist sie nicht.

Rahners entmythologisiertes Christentum war weit weniger theologisch gedacht als vielmehr philosophische Konstruktion. Innerhalb dieser Konstruktion wird christlicher Glaube im strengen Sinn nur für eine einzige biblische Überlieferung gefordert: die Manifestation des göttlichen Logos in Jesus von Nazareth. Sie läßt sich nicht ableiten – weder aus dem obersten Prinzip eines pantheistischen noch überhaupt eines philosophischen oder theologischen Systems. In ihrer geschichtlichen Kontingenz sieht Rahner das Hauptargument dafür, daß niemand durch wissenschaftliche Beweisführung »gezwungen werden kann, an Jesus von Nazareth als an die absolute Gegenwart Gottes zu glauben«[149]. Worauf aber stützt sich dann solcher Glaube? Ohne ihn würden die Verheißungen Jesu über die Berufung der Menschen zu ewigem Heil den Charakter göttlicher Logoi verlieren. Eine Stütze wäre, wie unter den katholischen Theologen der Gegenwart besonders Hans Küng klar erkannt hat, einzig dort zu finden, wo der Glaube an die Manifestation Gottes in Jesus von Nazareth sich konstituiert hatte: bei den ersten Christen. Für sie war Jesus Gottes wirkliche und wahre Offenbarung[150]. Schon im Neuen Testament wurde so aus

149 K. Rahner, l.c., Bd. V, S. 23.
150 H. Küng, Existiert Gott?, München 1978, S. 746 ff.

dem Evangelium Jesu, das heißt der frohen Botschaft, die Jesus übermittelt hatte, eine Lebensgeschichte von Jesus als dem erwählten Stellvertreter Gottes[151]. Ihre endgültige Formulierung fand diese Tendenz in dem zuletzt entstandenen Text des Neuen Testaments: dem Johannesevangelium. In ihm wird Jesus zur Inkarnation des in Gott von Ewigkeit her existierenden göttlichen Logos, der menschliche Gestalt annahm, um so den Menschen vom Weg der Wahrheit und des Heils glaubhafte Kunde zu bringen[152]. Dieses Ergebnis eigenen Nachdenkens läßt Küng mitten zwischen die protestantischen Entmythologisierer geraten. Ihnen war Jesus von Nazareth mehr als ein geschichtliches Phänomen, nämlich Repräsentant des wahren Gottes, ausschließlich durch einen paradoxen Glauben an ihn. Gegen alle historische Vernunft mußte der Glaubende sein »Dennoch« oder »Trotzdem« setzen, wollte er Übereinstimmung mit dem urchristlichen Jesusbild gewinnen. Zu ähnlicher Paradoxie des Glaubens ist auch Küng genötigt. Er weiß: Jesus als den Christus anzuerkennen, bleibt, unter wissenschaftlichen Kriterien beurteilt, immer ein pures Wagnis des Glaubens – eines Vertrauens auf die Gültigkeit von Erfahrungen der Jünger und der anderen Menschen, die Jesus selbst begegnet waren. Inhalt jenes Glaubens ist die feste Überzeugung dieser ersten Christen, daß ihnen in Jesu ganzem Reden und Handeln »Gottes Wort und Wille« in Menschengestalt erschienen sei[153]. Nicht die Wiedereinführung einer von Bultmann schon verfemten Mythologie ist nach Küng der Sinn solcher Präsentation eines Ewigen im Zeitlichen, sondern die ebenso nüchterne wie grundlegende Aussage: »Für den sich vertrauensvoll auf Jesus einlassenden und glaubenden Menschen – nicht wahrnehmbar für den neutralen Beobachter – manifestiert sich

151 l.c., S. 745 f.
152 l.c., S. 747.
153 l.c., S. 748.

Gott«[154]. Das soll bedeuten: Basis der Erkenntnis von Gottes heiligem Willen ist die Praxis: Christusnachfolge im Glauben an Jesus Christus[155]. Nur ihm nachstrebend sollen Christen wissen können, auf »wen sie sich eingelassen haben und wer sie rettet«[156]. Johann Baptist Metz gelang mit diesem Postulat, was Hans Küng bloß anvisierte, in der Art einer Maxime zu formulieren: Christologie wird unter den Primat von Praxis gestellt. Solcher Vorrang der Praxis gegenüber allen theologischen Erörterungen der Christusidee erscheint ihm legitim angesichts der zur Metanoia: zur geistlichen und moralischen Umkehr auffordernden und mahnenden Eigenart der Nachfolgegeschichten im Neuen Testament selber. Sie wollten die Menschen nicht durch theoretische Erwägungen überzeugen, sondern durch das Erzählte umwandeln: zu einem Leben in der Nachfolge Christi[157]. Für Metz ist christliche Theologie primär auf Erzählung gegründet: »narrative« Gotteslehre in praktischer Absicht: die Erinnerung an das ewige Heil, das Jesus verkündete, soll Glauben stiften an den Gott des Christentums – einen Gott universaler Gerechtigkeit und der Auferweckung der Toten[158]. Dieser Glaube setzt eine Entscheidung ohne Vorbehalt voraus: das »einfache Ja: Ich glaube Dir, Jesus von Nazareth«[159]. Das ist die Grundform, auf die Joseph Kardinal Ratzinger das christliche Credo im Zeitalter der Entmythologisierung eingeengt hat. Als ein Credo, das auf die Wundergeschichten der Bibel Verzicht leistet, ist es in einem fatalen Maß gebunden an eine ausschließlich irrationale Einstellung. Ratzinger vergleicht es

154 l.c., S. 749.
155 l.c., S. 752.
156 J. B. Metz, Glaube in Geschichte und Gesellschaft, Mainz 1978, S. 48.
157 l.c., S. 48.
158 l.c., S. 70ff.
159 J. Ratzinger, Glaube und Zukunft, München 1971, S. 34.

selbst mit einer »Bergbesteigung, die dem Spießbürger als närrisch« erscheine, aber für den, der sich »in das Abenteuer eingelassen« hat, der »einzige Weg« sei, den »er mit keiner Bequemlichkeit vertauschen möchte«[160]. Was christlichen Glauben zu einem Abenteuer macht, sieht Ratzinger – wie Rudolf Bultmann schon – in der Isolierung der Theologie: sie steht sozusagen in einem »luftleeren Raum«[161]. Ihren aus der Antike überlieferten Inhalten ging, besonders laut Bultmann, das Weltbild verloren, in dem sie auf sinnvolle Weise einen Platz einnehmen konnten. Der christliche Glaube vermöchte so nirgendwo im Bereich des philosophischen und wissenschaftlichen Denkens eine Bestätigung zu finden. Soll das heißen, daß ein jahrtausendealter Glaube, für den ein ewiges Leben in Gottes himmlischem Reich das höchste Ziel der Menschen war, seine Überzeugungskraft eingebüßt hätte? Oder führt ein Weg aus der Sackgasse des Nihilismus, in die Philosophie und Theologie seit den Anfängen der Neuzeit immer hoffnungsloser geraten sind?

160 l. c., S. 40.
161 l. c., S. 67.

V

Ein philosophisches Denken wird man wahrhaft aufgeklärt einzig dann nennen dürfen, wenn es beim Aufbau der eigenen Theorie die Insuffizienz geschichtlich vorgängiger Positionen zu überwinden weiß. Die Überwindung des Unzulänglichen an ihnen aber setzt ihre geistige Durchdringung voraus. Wie in der Antike und im Mittelalter ist dies auch in der neueren Philosophie nicht ausreichend bedacht worden – selbst von Descartes nicht: dem spekulativsten Denker unter ihren Initiatoren. Auch er blieb dem zentralen Fehler metaphysischer Naturerklärung verhaftet: der abstrakten Nachbildung empirischer Dinge, die für die Bestimmung ihres Wesens gehalten wurde. Das motivierte eine Fortsetzung der antiken und mittelalterlichen Versuche, die reale Welt in ein System von Begriffen aufzulösen. Dieser Tendenz folgten auch – mit Ausnahme von Kant – die idealistischen Erben der cartesianischen Weltauffassung. Sie haben Kants theoretische Ansätze zu einer negativen Metaphysik nicht aufgegriffen, sondern umgekehrt aufs neue eine Reduktion des Weltganzen, auf den absoluten Begriff oder auch auf die göttliche Idee, gefordert. Reine Identität war für dieses Philosophieren – abendländischer Tradition getreu – der Ursprung alles gedanklich Faßbaren. Aus der Nichtigkeit, die einer auf reine Identität eingeschränkten Gottheit immanent ist, machte Hegel das durchgehende Prinzip seiner Schöpfungsdialektik: sichtbare Natur erwächst in allen Phasen ihres Werdens aus einer Negativität, die nichts hat, das »sie negierte, sondern die nur ihr Negatives selbst negiert«[162]. Die nach Hegels Tod sehr bald schon einsetzende Abkehr von seiner idealistischen Kosmologie resultierte so letztlich aus ihr selber: der reinen Negativität als

162 Hegel, Wissenschaft der Logik, 1. Teil, WW IV, S. 493.

dem Prinzip, in dem alles Erfahrbare gründen sollte. Völlig unerklärt blieb das Entstehen der erscheinenden Natur. Die Welt empirischer Gegebenheiten stieg nun auf in den Rang des einzig Realen. Gültiges Wissen über sie gab es nur noch in Form physikalischer Gesetze – erkannt und erprobt durch Experimente. Wie aber ein gesetzmäßiges Verhalten von empirisch Gegebenem möglich sei, galt seit der Verwerfung von Hegels absolutem Idealismus als eine überholte Fragestellung. Das bloße Postulat der Gesetzmäßigkeit sollte zu luzider Naturerklärung ausreichen – die Annahme metaphysischer Prinzipien überflüssig sein. Diese Beschränkung auf positives Wissen hatte ihr Motiv in der strikten Verneinung alles spekulativen Denkens. Sie duldete in der realen Welt nichts weiter als funktionale Beziehungen sinnlich wahrnehmbarer Entitäten. Einzig der Aufweis solcher Beziehungen, die mathematisch oder auf andere Weise angemessen zu beschreiben waren, hatte von nun an den Charakter strenger Wissenschaftlichkeit. Das bedeutete in letzter Instanz: alle Wissenschaften, die einen Bereich der Natur zum Gegenstand haben, müssen ihrem neuzeitlichen Ideal, der Physik, sich angleichen, wenn sie sein wollen, was sie intendieren: Wissenschaften im exakten Sinn. Diese Angleichung war besonders von neuen Theorien über die Entstehung des Universums gefordert. Von ihrem Prinzip, einem streng naturwissenschaftlichen Denken, erwartet man seither, worauf schon die materialistische Welterklärung von Leukipp und Demokrit zielte: den luziferischen Griff nach absoluter Macht. Nicht einem transzendenten Gott soll die Weltherrschaft gehören, sondern dem Menschen – mittels der physikalischen Wissenschaften, die er selber entwickelt. Nur empirische Gegebenheiten darf er bei seiner Weltkonzeption voraussetzen, also stoffliche Entitäten und natürliche Kräfte. Aus dem Wirken dieser Kräfte entsteht das Universum: ein gigantisches Räderwerk, in dem alle Prozesse nach konstanten Naturgesetzen ablaufen. Seinen stärksten Ausdruck fand solcher Materialismus in den Kosmologien von Ludwig Büchner und Ernst Haeckel. Oberstes Dogma war für beide: alles, was geschieht, was geschehen ist und was geschehen wird, geschieht, geschah und wird geschehen auf eine Art, die ausschließlich bedingt ist durch rein mechanisches Wirken der Kräfte, welche den von Ewigkeit her vorhandenen stofflichen Entitäten innewohnen[163]. Durch jenes Wirken sei – wenngleich in riesigen Zeiträumen – die menschlicher Wahrnehmung bekannte Welt entstanden. Es ist eine säuberlich geordnete Welt – geordnet nach Gattungen und Arten und somit brauchbar[164]. Die zentrale Frage, ob und wie rein mechanisches Wirken von Naturkräften stoffliche Entitäten sukzessiv zu immer differenzierteren Weltdingen verbinden könne, haben Büchner und Haeckel weder erörtert noch gar zu beantworten versucht. Angesichts der Erfolge naturwissenschaftlicher Forschung hielten sie jegliche Prüfung des naturwissenschaftlichen Postulats einer von teleologischen Begriffen freien Welterklärung für überflüssig – nicht weniger als hundert Jahre vor ihnen Lamettrie und Holbach. Deren antimetaphysisches Denken haben Büchner und Haeckel konsequent fortgesetzt: wie für jene hat auch für sie der Kosmos seine Genesis in ziellosen Prozessen – dem bloßen »Begegnen natürlicher Stoffe und Kräfte«[165]. Die kri-

163 Vgl. L. Büchner, Kraft und Stoff, 1855, S. 34f.
164 Vgl. E. Haeckel, Natürliche Schöpfungsgeschichte, S. 19 und S. 651.
165 L. Büchner, Kraft und Stoff, S. 90-91. – Weit radikaler und folgerichtiger als die Kosmologie des neuzeitlichen Materialismus war die empiristische Weltauffassung von David Hume. In eins mit der ontologischen Grundlage der Naturgesetze ließ Hume auch die Naturgesetze selber fallen. Der Ausgangspunkt seines streng nominalistischen Denkens war eine chaotische Vielheit reiner Singularitäten. Sie verwehrt einen rationalen Über-

tische Untersuchung der Prämissen, von denen eine solche Welterklärung ihren Ausgang nimmt, ist die Aufgabe, vor der die Zensoren des klassischen Materialismus stehen: die philosophierenden Naturforscher der Gegenwart.

Bei ihnen dominiert das Bewußtsein der Methode. Gegenüber jeder materialistischen Weltauffassung wissen sie: Physik beschreibt und erklärt nicht eine Natur, wie sie unabhängig von ihrer Apperzeption durch menschlichen Geist in rein mechanischen Geschehnissen entstanden wäre[166]. Ständig bleibt ihnen bewußt, daß eine Antwort auf eine spezifische Frage an die Natur ihr primäres Thema ist. Naturwissenschaftliches Denken hat für sie in präziser Ausarbeitung der Fragestellung seinen methodischen Ausgangspunkt. Nur die Phänomene gehören zu den Gegenständen seines Fragens, die mit den kognitiven Mitteln der physikalischen Wissenschaften sich erforschen lassen. Die genaue Erforschung jener Phänomene verlangt Untersuchungen besonderer Art: Untersuchungen in der Form von Experimenten. Erforder-

gang zu einer geordneten, Gesetzen folgenden Welt. Deshalb bestreiten Hume und seine Nachfolger die Möglichkeit sowohl wie die Vorhandenheit objektiver Naturzusammenhänge. Die metaphysische Vorstellung von gesetzmäßigem Geschehen in der Natur sei nichts weiter als ein Produkt gewohnheitsmäßiger Assoziation. Das menschliche Subjekt erwarte beim Auftreten eines Ereignisses die üblichen Begleitumstände und glaube, daß sie ins Dasein treten werden. So entstehe aus der sukzessiven eine kausale Beziehung isolierter Ereignisse. Deren subjektive Verknüpfung läßt Hume an die Stelle objektiver Naturgesetze treten. – Zur Kritik des Subjektivismus von David Hume und Ernst Mach, der die empiristische Theorie zu ihrer vollen Entfaltung brachte, siehe K. H. Haag, Der Fortschritt in der Philosophie, S. 66 f. sowie S. 113-118 und S. 131; Neuausgabe Frankfurt am Main 2005 (Humanities Online, 2. Aufl. 2018), S. 70 f. sowie S. 121-126 und S. 140.

166 Vgl. etwa W. Heisenberg, Schritte über Grenzen, München 1971, S. 113 ff.

lich ist – zum Behuf solcher Untersuchungen – isolierendes Eingreifen in die Natur. Als ihre Teile stehen alle stofflichen Phänomene in universalem Zusammenhang. Sie konstituieren die Dynamik des Ganzen, werden jedoch von ihr auch selber determiniert. Der so geartete Zusammenhang aller Naturerscheinungen wäre, wenn er Objekt für ein Subjekt sein könnte, der adäquate Gegenstand physikalischer Erkenntnis: wahrhaft ihr »Gesamtobjekt«[167]. Durch seine Erfassung in Kategorien der Physik würden alle Einzelphänomene vollständig in ihrer Wechselwirkung erkannt. Solche Vollständigkeit physikalischer Naturerkenntnis bestünde für jedes stoffliche Phänomen in der Erkenntnis seiner Beziehungen zu allen makrokosmischen und mikrokosmischen Phänomenen des Weltganzen: einer Erkenntnis, die für menschlichen Geist unmöglich ist. Möglich ist für ihn allein die Erkenntnis von beobachtbaren Sektoren der Natur. Daher müssen die Beziehungen der Phänomene begrenzt werden – begrenzt durch einen ausreichenden und zweckmäßigen Eingriff in die kosmische Totalität. Ein derartiger Eingriff setzt zu seiner Verwirklichung stets konkrete Fragen an die Natur voraus: immer zwar in eindeutiger Intention gestellte Fragen, auf der Basis des überlieferten Wissens, aber keine inquisitorischen Fragen, sondern solche, deren Antwort nicht sicher ist. Vorläufige Antworten, hypothetische Ergebnisse gedanklicher Analysen von Phänomenen, leiten den Eingriff. Die systematische Ausbildung seines Vollzugs – Galileis großes methodologisches Vermächtnis – machte die Physik fähig, Naturerscheinungen zu separieren. Ihre isolierende Abtrennung von den mannigfachen Naturereignissen, in welche sie verflochten sind, schaltet die für die Auffindung ihrer gesetzlichen Beziehung störenden

167 C.F. von Weizsäcker, Die Einheit der Natur, München 1971, S.486.

Einflüsse aus. Ein solches Wegschneiden störender Faktoren ist radikal verschieden von der metaphysischen via abstractionis. Was in der auf metaphysische Wesenheiten zielenden Abstraktion wegfällt, ist der Bereich des Phänomenalen, die Sphäre also, in der die physikalischen Wissenschaften ihre Eingriffe vornehmen. Durch ihre Eingriffe stiften sie die idealen Erkenntnisbedingungen des Experiments: alles muß so eingerichtet sein, daß unter verschiedenen möglichen Beziehungen gerade der zu untersuchende Zusammenhang natürlicher Phänomene genau erfaßt wird[168]. Der erkannte Zusammenhang sagt nichts aus über das »Wesen« der in ihm verknüpften Phänomene. Ihr metaphysischer Seinsgrund ist auf dem Wege experimenteller Naturerkenntnis prinzipiell nicht auszumachen. Suchen und finden können die physikalischen Wissenschaften immer nur Antworten auf Fragen nach partikulären Zusammenhängen singulärer Naturerscheinungen.

Gleichwohl manifestieren ihre Fragen ein ontologisches Interesse; es ist jedoch kein wesensontologisches. Gefragt wird nicht, worin etwa die Gravitation ihr Wesen hätte, sondern gefragt wird stets und ausschließlich nach Gesetzmäßigkeiten in den Beziehungen veränderlicher Phänomene. Ohne die Existenz solcher Gesetzmäßigkeiten wäre physikalische Forschung unmöglich: die Natur enthielte nichts Bleibendes. Mit anderen Worten: exakte Naturerkenntnis setzt zwar voraus, daß der Mensch wahrnehmen und denken und so eine Methode des Experimentierens entwickeln kann – aber ihre Verwirklichung hängt ebensosehr von objektiven Voraussetzungen ab. Sie kommt von der Objektseite her »nur zustande, weil und soweit die Natur« durch ihre Beschaffenheit von sich aus »wahrnehmbar, denkbar und behandel-

168 Vgl. F. Dessauer, Naturwissenschaftliches Erkennen, Frankfurt am Main 1960, S. 69.

bar ist«[169]. An solcher Natur hat physikalisches Denken den Aufbau seiner Experimente zu orientieren. Der jeweils angestrebte Versuchsaufbau muß dem »Zusammenhang« singulärer Gegebenheiten, wie er im Gegenstand der jeweiligen Untersuchung »objektiv« besteht, genau entsprechen. Einzig dann können Experimente zu gültigen Ergebnissen führen[170]. Die spezifische Fragestellung der Experimente spiegelt sich in den Antworten der Natur: jedes erkannte Naturgesetz ist ein »isolierter Teil« eines konkreten »Naturvorganges, nicht seine Fülle«[171]. Das bedeutet: Naturvorgänge können durch Naturgesetze niemals eine völlig adäquate Darstellung finden. Selbst um den vergleichsweise einfachen Prozeß des Fallens irdischer Körper in absoluter Genauigkeit darzustellen, müßte Physik eine unbegrenzte Zahl von kosmischen Einwirkungen erfassen und beschreiben. Das kann und tut sie nicht. Sie abstrahiert von allen unerheblichen Einwirkungen, rechnet nur mit dem Gravitationsfeld der Erde und bekommt die von Galilei formulierten Gesetze des freien Falls[172]. In welchem Umfang diesen Gesetzen – wie überhaupt Gesetzen der Natur – allgemeine Geltung zuerkannt wird, ist Sache der wissenschaftlichen Erfahrung. Diese Relativität ist und bleibt unaufhebbar, weil physikalisches Erkennen – gekettet an seine Methode – sich selbst nicht transzendieren kann. Es ist durch seine Verfahrensweise eingegrenzt auf die Ermittlung partikulärer Gesetze. Von ihnen aber kann es unabhängig von seinem eigenen Fortschreiten niemals wissen, wie weit ihre Gültigkeit reicht.

169 C.F. von Weizsäcker, Zum Weltbild der Physik, Stuttgart 1963, S. 171.
170 P. Bulthaup, Zur gesellschaftlichen Funktion der Naturwissenschaften, Frankfurt am Main 1973, S. 49.
171 F. Dessauer, Naturwissenschaftliches Erkennen, S. 84.
172 l.c., S. 228 und S. 313.

Physikalische Erkenntnis, die geprägt ist durch spezifisches Fragen und isolierendes Tun, schließt uneingeschränkte Konformität von Naturwissenschaft und Natur grundsätzlich aus. Daher muß jedes Ignorieren der Differenz, die untilgbar zwischen beiden besteht, zu einer Reduktion der kosmischen Wirklichkeit auf das physikalisch an ihr Erkannte führen. Durch solche Reduktion war das mechanistische Weltbild des modernen Materialismus entstanden. Es hat in der Mißachtung der Differenz zwischen Naturwissenschaft und Natur seine erkenntnistheoretische Voraussetzung. In ihm findet Welt sich auf das reduziert, was isolierende Eingriffe in die kosmische Wirklichkeit physikalisch und mathematisch faßbar machen: gesetzmäßige Bewegungen stofflicher Gebilde. Seine zahlreichen Vertreter, vorab die Naturwissenschaftler unter ihnen, hielten das Ignorieren jener Differenz für berechtigt – in blindem Vertrauen auf das uralte Dogma von der alleinigen Realität des begrifflich Fixierten. Gegenüber solch stupider Weltauffassung wäre für kritische Physik eine durch wissenschaftliches Denken noch nicht verkürzte Natur die »eigentliche Wirklichkeit«[173].

Exakte Naturwissenschaft verdankt ihre Prägnanz einer methodischen Beschränkung: der auf die Erkenntnis partikulärer Gesetze. Es sind ausnahmslos Gesetze von Sektoren der Natur. Keines von ihnen hat den Charakter eines ebenso universalen wie fundamentalen Prinzips, das konstitutiv dafür sein könnte, welche partikulären Gesetze bei Naturprozessen zusammenwirken. Die Frage nach einem Prinzip ihrer Auswahl markiert den Ort, an dem physikalisches Erkennen auf seine Grenze stößt. Einzig zur Ermittlung und Erprobung von Naturgesetzen ist es fähig – nicht jedoch zur Beantwortung der Frage, wer verordnet hat, welche »Einzelgesetze in einem gegebenen Ereignis mitspielen,

173 H.P. Dürr, Das Netz des Physikers, München 1988, S. 178.

wie viele, wie stark ein jedes«[174]. Eine solche Frage transzendiert die Sphäre der physikalischen Wissenschaften. Sie selbst sehen in ihr eine metaphysische Frage, auf die sie mit ihrer Methode der experimentellen Forschung eine Antwort nicht geben können. Gleichwohl verlangt Naturerklärung, daß die physikalischen Wissenschaften nach einer Antwort suchen, wenn sie nicht zu reinem Empirismus verkümmern wollen. Wie aber wäre, um eine Antwort zu finden, die Grenze physikalischen Erkennens legitim zu überschreiten?

Die Natur schuldet ihr Dasein nicht den Menschen: sie ist kein Artefakt. Wie sie unabhängig von ihnen existiert, so besitzt sie auch Erkennbarkeit nicht erst durch menschliche Vernunft. Die konstitutiven Leistungen des menschlichen Subjekts beschränken sich auf die Bildung von Theorien zur experimentellen Erforschung der Natur – aber selbst darin ist es nicht autonom, sondern abhängig von der Natur, die ohne es vorhanden ist, und dem tradierten Wissen über sie. Auf dieses Wissen ist menschliche Naturerkenntnis durch die Geschichtlichkeit ihres Subjekts je und je angewiesen. Gebunden an einen historischen Standort besteht für die Menschen keine Möglichkeit einer voraussetzungslosen Erkenntnis ihrer Gegenstände. Sie können Naturforschung nur betreiben, indem sie geschichtlich übermittelte »Begriffsschemata« sachspezifisch auf immer neue »Bereiche des Wirklichen« anwenden und an ihnen »experimentell« erproben[175]. Halten die tradierten Lehrsätze der Erprobung nicht stand, versagen sie in der Deutung neuer Phänomene, so sind umfassendere Theorien auf der Basis der überlieferten zu bilden. Dieser geschichtliche Prozess eines kontinuierlichen Fortschreitens der physikalischen Wissenschaften manifestiert ihre permanente Abhängigkeit vom objektiv

174 F. Dessauer, Naturwissenschaftliches Erkennen, S. 316.
175 C.F. von Weizsäcker, Zum Weltbild der Physik, S. 172.

Gegebenen. Er bezeugt ständig aufs neue die Wirklichkeit dessen, was sie um ihrer eigenen Möglichkeit willen voraussetzen müssen: einer Natur, die von sich aus erkennbar ist. Dieses »von sich aus« bedeutet, daß reale Natur rationalen Aufbau besitzt, in dem ihre Erkennbarkeit gründet. Zu ihrem rationalen Aufbau gehört rationaler Zusammenhang ihrer Teile: Kohärenz der einzelnen Naturerscheinungen. Stünden die kosmischen Phänomene nicht durch rationalen Aufbau der Natur in gesetzmäßigen Zusammenhängen, so besäße menschlicher Geist keinen Ansatzpunkt, auch nur eines – vom Stand des tradierten Wissens her – physikalisch zu bestimmen. Eine zusammenhanglose Mannigfaltigkeit reiner Singularitäten schlösse Gesetzmäßigkeiten und damit auch deren experimentelle Erforschung aus. Zwar wollen die physikalischen Wissenschaften keine Philosophie sein – aber sie sind auf ein philosophisches Denken aufgespannt. Durch ihre Voraussetzung einer von sich aus erkennbaren Natur ist es ein metaphysisches Denken, das sie implizieren, keine nominalistische Weltauffassung. Sie sind objektiv nur möglich auf der Basis einer Ontologie: unterstellt ist die Notwendigkeit einer Natur, die vermöge ihres rationalen Aufbaus physikalischer Forschung zugänglich ist. Eine rational aufgebaute Natur aber weist zurück auf ein gestaltendes Prinzip: das Walten einer »allmächtigen Vernunft«[176].

Die Annahme einer solchen Vernunft zeigt höchste Legitimität in der Reflexion auf die determinierenden Bestandteile kosmischen Geschehens: die Naturgesetze, die für zweckmäßiges Wirken in Naturprozessen der Auswahl und der Koordination bedürfen. Dieser Auswahl und Koordination sind sie selbst nicht mächtig: in ihrer Neutralität gegenüber Zielen enthalten sie keine Beziehung auf das Gebilde, bei dessen Genesis sie jeweils mitwirken. Bezogen auf ein Telos

176 M. Planck, Religion und Naturwissenschaft, in: Vorträge und Erinnerungen, Darmstadt 1965, S. 331.

kann ein Prozesse steuerndes Prinzip nur sein, wenn es das Ziel virtuell in sich enthält. Insofern muß jenes Prinzip mehr besagen als die Summe der Gesetze, die es auf ein bestimmtes Telos hin koordiniert. Es gehört – ontologisch – einer anderen Dimension an: dem für menschliches Erkennen begrifflich nicht faßbaren Bereich des transzendenten Ursprungs von Welt. Der tastende Schritt in diesen Bereich, den Bereich des Göttlichen als die Dimension des Metaphysischen im strengsten Sinne, hat seine Basis in Physik: in der auch für sie unbezweifelbaren Finalität im kosmischen Zusammenwirken der Naturgesetze. Wohl schließt die Fragestellung der physikalischen Wissenschaften den Begriff der Finalität aus. Naturgesetze als Antworten auf gestellte Fragen an die Natur fixieren die Korrelation zwischen meßbaren Größen empirischer Vorgänge. Aber diese Gesetze, in denen es keinen Platz für teleologisches Wirken irgendwelcher Prinzipien gibt, sind nicht identisch mit Naturprozessen: als deren Teile sind sie sowenig das Ganze wie das stoffliche Geschehen, das ihnen gehorcht. Erst in ihrer Auswahl und in ihrer Koordination für ganz bestimmte Naturvorgänge manifestiert sich Finalität. Prozesse in der Natur sind jedoch selbst wieder Teile einer umfassenderen Wirklichkeit – Teile in der Dynamik des Weltganzen. Seine Genese erheischt, daß alle Einzelprozesse an einer universalen Ordnung partizipieren: an ihr teilhaben durch das gestaltende Wirken einer allmächtigen Vernunft.

Der Rekurs auf sie ist kein Anthropomorphismus: nicht die Umwandlung einer menschlichen Eigenschaft in ein Attribut der Gottheit. Das hatte zuerst und am genauesten Kant realisiert. In seinen Meditationen über den Ursprung kosmischer Ordnung konstatierte er: »Wenn ich sage, wir sind genötigt, die Welt so anzusehen, als ob sie das Werk eines höchsten Verstandes und Willens sei, so sage ich wirklich nichts mehr, als: wie sich verhält eine Uhr, ein Schiff, ein

Regiment, zum Künstler, Baumeister, Befehlshaber, so die Sinnenwelt (oder alles das, was die Grundlage dieses Inbegriffs von Erscheinungen ausmacht) zu dem Unbekannten, das ich also hiedurch zwar nicht nach dem, was es an sich selbst ist, aber doch nach dem, was es vor mich ist, nämlich in Ansehung der Welt, davon ich ein Teil bin, erkenne«[177]. Eine solche Erkenntnis ist die einer »vollkommenen Ähnlichkeit« zweier Verhältnisse zwischen »ganz unähnlichen Dingen«[178]. Die »Vernunft« wird in dieser Analogie »nicht als Eigenschaft auf das Urwesen an sich selbst übertragen, sondern nur auf das Verhältnis desselben zur Sinnenwelt und also der Anthropomorphismus gänzlich vermieden«[179]. Kant in äußerster Präzision: »Die Kausalität der obersten Ursache ist dasjenige in Ansehung der Welt, was menschliche Vernunft in Ansehung ihrer Kunstwerke ist. Dabei bleibt mir«, fährt Kant fort, »die Natur der obersten Ursache selbst unbekannt: ich vergleiche nur ihre mir bekannte Wirkung (die Weltordnung) und deren Vernunftmäßigkeit mit den mir bekannten Wirkungen menschlicher Vernunft, und nenne daher jene eine Vernunft, ohne darum eben dasselbe, was ich am Menschen unter diesem Ausdruck verstehe, oder sonst etwas mir Bekanntes ihr als ihre Eigenschaft beizulegen«[180]. Wie göttliches Sein unergründbar ist für menschlichen Intellekt, so auch die Art und Weise göttlichen Wirkens. Zeigen kann menschlicher Geist nur, wie das Wirken einer allmächtigen Vernunft nicht gedacht werden darf: nämlich nicht im Stil einer pantheistischen Metaphysik. Pantheismus ist unvereinbar mit der Idee des Göttlichen – der Idee einer absoluten Wahrheit. Er läßt Gott eine Welt erschaffen,

177 Kant, Prolegomena zu einer jeden künftigen Metaphysik die als Wissenschaft wird auftreten können, A 175.

178 l.c., A 176.

179 l.c., A 178.

180 l.c., A 180.

die zuinnerst keine Wirklichkeit besitzt: im Akt göttlichen Erschaffenwerdens sofort auf einen Modus göttlicher Existenz reduziert wird[181]. Der Pantheismus trägt so in Gott einen Widerspruch hinein: die göttliche creatio mundi wird zu einer negatio mundi. Die Alternative zu solcher Metaphysik, die der Natur ein eigenes Sein aberkennt, ist nicht der materialistische Verzicht auf Metaphysik. Ohne das Walten einer allmächtigen Vernunft wären in Naturprozessen die Zahl der Gesetze und ihr Zusammenwirken eine Sache reinen Zufalls. Das war dem klassischen Materialismus entgangen. Die radikale Beschränkung seiner Naturerklärung auf physikalisch Faßbares impliziert einen Indeterminismus. Weil der klassische Materialismus das nicht sah, konnte im

181 Real war für Spinoza, den rigorosesten Vertreter pantheistischen Denkens in der neueren Zeit, nur Gott: die eine Substanz, in der – wie Kant sich ausdrückt – alle »Naturdinge« als ihr »inhärierende Akzidentien« versinken (Kant, Kritik der Urteilskraft, B 325). Die spinozistische Philosophie leistete so nicht das, was sie intendierte: statt die Möglichkeit und Wirklichkeit der erscheinenden Natur zu erklären, begründete sie durch ausnahmslose Entsubstantialisierung der endlichen Dinge einen Akosmismus. Er ist die – besonders von Fichte gefeierte – rein idealistische Konsequenz aus Spinozas pantheistischer Identifikation von Gott und Welt: somit eine Konsequenz, die das kontradiktorische Gegenteil der Folgerung darstellt, welche die französischen Materialisten aus ihr gezogen hatten (vgl. J. G. Fichte, Die Wissenschaftslehre von 1804, WW IV, ed. Medicus, Leipzig 1908, S. 225). Diese setzten den Akzent auf die Welt als die Form, in der Gott existiert. Eine göttliche Substanz, die kein Fürsichsein besitzt, besaß für sie auch keine Wirklichkeit. Fichte nimmt dagegen Spinoza wörtlich: Gott allein ist das Substantielle – nicht die Welt, die es nur in ihm gibt. Ganz ähnlich hat auch Hegel das spinozistische Verhältnis von Gott und Welt interpretiert (vgl. hierzu G. W. F. Hegel, Vorlesungen über die Geschichte der Philosophie, Bd. 3, WW IXX, ed. Glockner, Stuttgart 1928, S. 373 f.).

kosmologischen Denken seiner Nachfahren der Zufall maßlose Bedeutung gewinnen. Er tritt in allen neueren Versuchen einer von Metaphysik freien Naturerklärung an die Stelle der Gottheit.

Seine Deifikation zu einem »absoluten, primären Zufall«[182] resultiert aus einem Denken, das in entgegengesetzter Richtung den zentralen Fehler des klassischen Materialismus wiederholt: eine illegitime Überschreitung positiven Wissens. Der klassische Materialismus hatte kausalen Zusammenhang aller kosmischen Ereignisse supponiert. Für ihn gab es im Prozeß der Weltentstehung keinen Raum fürs physikalisch Unerwartete. Er meinte, die von Galilei und Newton begründete Mechanik reiche aus, schlechthin jedes Phänomen zu erklären: die elektrischen und thermischen Naturerscheinungen sowohl wie die Objekte der Biologie – den Menschen nicht ausgenommen. Danach würden alle makrophysikalischen Vorgänge ihre Explikation finden in der Rückführung auf ihre mikrophysikalische Grundlage: mechanische Vorgänge der kleinsten Teile von Materie. Die genaue Kenntnis der Lage und Bewegung jener Teile müsste, wie folgerichtig angenommen wurde, die Möglichkeit bieten, sämtliche Phasen des Weltprozesses vorauszuberechnen. Solcher Physik war jeder, der behauptete, der Weltprozeß sei nicht eine nach mechanischen Gesetzen laufende Maschine, ein animistischen Vorstellungen nachtrauernder Reaktionär. Keine wesentliche Differenz sollte zwischen der qualitativ Neues hervorbringenden Weltgenese und der gleichförmigen Planetenbewegung bestehen. Das kosmische Werden galt wie der Lauf von Sternen als ein System rein mechanischer Gesetzlichkeit: wie dieser als ein zielloses Geschehen. Von solcher Gleichschaltung lebte die deterministische Weltauffassung des klassischen Materialismus.

182 E. Schrödinger, Was ist ein Naturgesetz?, Darmstadt 1967, S. 15.

Wie der Determinismus seiner Kosmologie beruht auch dessen indeterministische Gegenthese auf einem Denkfehler: präziser gesprochen auf einer inkohärenten Folgerung. Es ist eine Folgerung aus dem, worin die deterministische Physik des klassischen Materialismus ihre total berechenbare Erscheinungswelt gründen ließ, aus atomaren Vorgängen. Deren neuere Erforschung führte – kurzschlüssig interpretiert – zu der heute dominierenden Vorstellung einer in ihren Fundamenten indeterminierten Welt. In dieser Vorstellung sieht Werner Heisenberg, ihr exponiertester Vertreter, ein Denken sich durchsetzen, das schon in der antiken Atomlehre annahm, gesetzmäßige Prozesse im Makrokosmos beruhten auf einer Vielheit »unregelmäßiger Vorgänge« im Bereich des stofflich Elementaren[183]. Die grundsätzliche Richtigkeit einer solchen Hypothese zeigen für ihn die Versuche der modernen Atomphysik, in mathematischer Strenge den Zustand sinnlich wahrnehmbarer Materie aus dem unsichtbaren und nur statistisch faßbaren Agieren ihrer fundamentalen Bestandteile zu deduzieren. Durch jene Versuche seien die exakt in jedem Einzelfall geltenden Gesetze des Makrokosmos zu bloßen Resultanten aus mikrokosmischen Ereignissen herabgesunken, deren Eintritt nur noch wahrscheinlich ist[184]. Alle physikalischen Bestrebungen, die je unternommen werden, durch genaue Bestimmung mikrokosmischer Einzelvorgänge den deterministischen Anspruch auf kausales, also stets eindeutiges Naturgeschehen zu erfüllen, müssen nach Heisenberg an der Eigenart atomaren Seins scheitern. Es existiert nicht in der gleichen Weise wie unmittelbar den Sinnen gegebene Dinge – in keiner Weise gleichgültig nämlich gegen den Prozeß seiner Beobachtung und Bestimmung[185]. Experimente ermöglichende Eingriffe in

183 W. Heisenberg, Schritte über Grenzen, S. 130.
184 Vgl. l. c., S. 130ff.
185 Vgl. l. c., S. 115.

den atomaren Bereich der Natur haben die Phänomene, welche Gegenstand physikalischer Fragestellung sind, nicht nur zu isolieren, sondern auch wahrnehmbar zu machen. Erst die Wechselwirkung mit den technischen Mitteln des Eingriffs bringt die kleinsten Teile der Materie zur Erscheinung, jedoch nur indirekt: durch ihre Effekte. Die Einwirkung der Mittel verändert die atomare Wirklichkeit: sie ist »verschieden, je nachdem, ob wir sie beobachten oder nicht«[186]. Jeder neue Beobachtungsakt führt zu einer Veränderung der Lage und Bewegung ihrer Teile, jener Bestimmungsstücke also, deren gleichzeitige Kenntnis für die präzise Berechnung eines mechanischen Ablaufs unerläßlich ist. Aus diesem Grunde können – im Unterschied zur Makrophysik – auf der Basis gemachter Beobachtungen die Ergebnisse weiterer Beobachtungen niemals mit Sicherheit vorhergesagt werden. Die physikalische Untersuchung atomarer Vorgänge fixiert das Beobachtete und das von der Beobachtungssituation her wahrscheinliche Geschehen. Mehr als dessen Formulierung in statistischen Gesetzen vermag Atomphysik nicht zu erreichen.

Ihre generelle Beschränkung auf Statistik läßt für Heisenberg nur eine Konsequenz zu: die grundsätzlicher Distanzierung vom Determinismus[187]. Weil die bekannten makrophysikalischen Wirkungen aus einer unbegrenzten Anzahl kausal nicht bestimmbarer mikrophysikalischer Ereignisse hervorgehen, verwandeln sich ihm alle strengen Gesetzesaussagen in Häufigkeitsaussagen. Der gnoseologische Hintergrund seiner Distanzierung vom Determinismus ist also unvollständiges Wissen über die atomaren Prozesse. Es gewährt nur ihre statistische Beschreibung. Aber die erkenntnistheoretische Unmöglichkeit, eindeutig determiniertes

186 W. Heisenberg, Physik und Philosophie, Stuttgart 1959, S. 35.
187 W. Heisenberg, Schritte über Grenzen, S. 133.

Naturgeschehen im atomaren Bereich zu verifizieren, gestattet nicht den Schluß, daß strenge Gesetzlichkeit, als Grundlage regelmäßiger Naturabläufe, im Mikrokosmos ihren Sinn eingebüßt hätte. Ohne die Voraussetzung eindeutiger Determiniertheit der atomaren Vorgänge, welche der Akt eingreifender Beobachtung lediglich stört, wären nicht einmal Befunde statistischen Charakters von ihnen zu erwarten. Heisenbergs unkritische Preisgabe deterministischer Gesetze steht in Widerspruch zu seiner kritischen Unterscheidung zwischen beobachteter und unbeobachteter Realität. Sie verselbständigt das durch Akte der Beobachtung gestörte und auf jene Akte relative Verhalten atomarer Gebilde zu einem Verhalten »an sich«. Diese unkritische Gleichsetzung von Beobachtung und Gegenstand ist es, gegen die Einsteins kritisches Nachdenken über die Mechanik elementarer Materie gerichtet war. Seine Reflexionen führten zu dem metaphysischen Axiom: »Gott würfelt nicht«. Er sah in der Preisgabe deterministischer Gesetze die Legitimation einer Physik, für die in den Fundamenten der Natur »ein blindes Ohngefähr«[188] herrscht. Es ist die Physik, von der alle modernen Vertreter einer indeterministischen Weltauffassung ausgehen. Sie motivierte Jacques Monod zu der programmatischen These: »Der reine Zufall, nichts als der Zufall, die absolute, blinde Freiheit ist die Grundlage des wunderbaren Gebäudes der Evolution«[189]. Neue Entitäten, die im evolvierenden

188 Kant, Kritik der reinen Vernunft, A 228.

189 J. Monod, Zufall und Notwendigkeit, München 1975, S. 106. Monods Folgerung aus Heisenbergs physikalischem Indeterminismus war nihilistisch. Zu einer Konsequenz der gleichen oder ähnlicher Art hatte Heisenberg selber niemals Neigung gezeigt. Für ihn waren alle Produkte kosmischer Prozesse – angefangen von den kleinsten Teilen der Materie bis zu den komplexesten Gebilden – deutlich erkennbare Manifestationen einer »zentralen Ordnung« (vgl. W. Heisenberg, Der Teil und das Ganze, München 1969, S. 291-295). Die Frage nach der

Universum auftreten, sollen ihre Entstehung ausschließlich dem Zufall verdanken. Wie ihre Genesis gilt auch ihre Fortdauer – gleich der bereits entstandener Entitäten – als sein Werk: als die Folge einer völlig kontingenten Stetigkeit all der atomaren Prozesse und Synthesen, auf denen ihre Existenz beruht. So aber wäre – von ihrer mikrophysikalischen Basis her – die Welt makrophysikalischer Gebilde restlos ein Produkt des Zufalls. Er ist seit Monod das Zauberwort antimetaphysischer Naturerklärung.

Heisenbergs physikalischer Indeterminismus, der Monod eine Apotheose des Zufalls betreiben ließ, bedeutet ebenso eine Reduktion der Natur auf Naturwissenschaft wie die deterministische Identifizierung kosmischer Prozesse mit rein mechanischem Geschehen. Diese Gleichsetzung war aufzuheben – aber nicht zugunsten einer indeterministischen Weltauffassung. Ihr gegenüber gilt es zu erkennen, daß sie weniger noch eine sachgerechte Naturerklärung darstellt als die deterministische Doktrin des klassischen Materialismus. Das wahre Moment in seiner Kosmologie, die Überzeugung, es könne in der Natur indeterminierte Vorgänge nicht geben, weist über ihn hinaus: es verlangt für die Weltgenese das planende Wirken einer allmächtigen Vernunft. Deren Notwendigkeit für zweckmäßig determiniertes Naturgeschehen hat der klassische Materialismus – wie vor ihm schon der Materialismus der französischen Aufklärung – immer nur bestritten: hat sie aber niemals selbstkritisch zum Thema philosophischer Überlegungen gemacht. Statt reflektierend in die Motive einzudringen, die seit den Anfängen der abendländischen Metaphysik zur Annahme eines göttlichen principium mundi führten, forderte er dogmatisch: alles, was transzendent zu wissenschaftlicher Erfah-

Vereinbarkeit dieser nahezu metaphysischen Weltkonzeption mit seinem physikalischen Indeterminismus hat Heisenberg weder erörtert noch auch nur registriert.

rung steht, für nichtig zu erklären[190]. Dieser Positivismus ist der Fokus des klassischen Materialismus: seine philosophia vera. Die von ihm postulierte Realitätsbeschränkung macht – genau genommen – Naturerklärung unmöglich: also eine Explikation auch und insbesondere dessen, was ausdrücklich unterstellt wird, der Gesetzmäßigkeit im Verhalten kosmischer Gebilde. Für rein physikalische Erkenntnis, die durch ihre Methode festgelegt ist auf die relationale Erfassung und Beschreibung von Naturerscheinungen, ist es gleichgültig, wodurch die von ihr supponierte Gesetzmäßigkeit empirischer Ereignisse verbürgt werden soll: durch einen planenden Gott oder ein menschliches Postulat. Sie selber kennt bis heute nur eine Rechtfertigung ihrer Hypothesen: gelungene Experimente. Im Unterschied zu solcher Naturerkenntnis läßt sich Naturerklärung durch Experimente weder erreichen noch rechtfertigen. Von ihr wird vielmehr eine Darlegung erwartet, die Auskunft gibt über den Ursprung der in Naturprozessen zweckmäßig herrschenden Gesetzlichkeit. Eine solche Auskunft konnte der klassische Materialismus nicht geben: sie hätte das vorausgesetzt, was er verbot, ein Überschreiten der Grenzen wissenschaftlicher Erfahrung – in Richtung auf eine allmächtige Vernunft. Das Überschreiten jener Grenzen in entgegengesetzter Richtung, das einer streng materialistischen Kosmologie entsprochen hätte, aber hatten deren neuzeitliche Vertreter ebenfalls mit einem Verbot belegt. Seit Holbach stand für sie fest, daß die Suche nach einem hyletischen Urprinzip zu etwas völlig Irrealem führen müßte: einer formlosen materia prima, die weder spezifisch bestimmte Entitäten noch kosmische Gesetzmäßigkeiten hervorbringen könnte. Aus dieser richtigen Einsicht hat der neuzeitliche Materialismus stets den antimetaphysischen Schluß gezogen, daß kosmische Wirklichkeit auf mathe-

190 Vgl. Büchner, Kraft und Stoff, S. 247.

matisch bestimmbare Gegebenheiten zu beschränken sei: auf stoffliche Phänomene. Die logische Konsequenz aus solcher Beschränkung war die Unmöglichkeit von adäquater Naturerklärung. Sie ist möglich nur bei striktem Verzicht auf materialistische Verkürzungen der kosmischen Realität: für kritisches Philosophieren also nur unter Preisgabe der materialistischen Weltauffassung selber[191].

Dies hatten Platon und Aristoteles in der Auseinandersetzung mit der Atomlehre von Leukipp und Demokrit bereits klar und deutlich erkannt. Durch ihre Kritik an der atomistischen Theorie gewann die von ihnen begründete Metaphysik richtungweisende Geltung in der Geschichte abendländischer Naturerklärung. Allerdings: möglich ist diese Metaphysik – ihrer eigenen Intention zuwider – nicht in affirmativer Form, also vor allem nicht in Form einer Deduktion der Weltdinge aus göttlichem Sein. Was kosmische Gebilde und die Gesetze, denen sie unterstehen, ihrem transzendenten Ursprung nach sind, bleibt – auch bei noch so großer Anstrengung philosophischen Denkens – unbekannt: das göttliche Konstituens der Natur bleibt unergründbar für menschlichen Geist[192]. Einzig wenn gewußt würde, worin göttliches Sein besteht, ließe sich sagen, was

191 Das gilt auch für die Kosmologie des dialektischen Materialismus. Seine orthodoxen Vertreter bringen die Dialektik in Ansatz wie ein mathematisches Axiom, in dem Glauben, mit ihrer Hilfe naturgeschichtliche Deduktionen durchführen zu können. In solchem Ansatz von Dialektik besteht der Dogmatismus ihres Denkens. – Vgl. hierzu K.H. Haag, Der Fortschritt in der Philosophie, S. 107-113; Neuausgabe Frankfurt am Main 2005 (Humanities Online, 2. Aufl. 2018), S. 114-120.

192 Das ist von Alfred North Whitehead nicht bedacht worden. Die von ihm deklarierte Einheit des kosmischen und göttlichen Seins basiert auf einem Dogma: dem pantheistischen, daß Gott und Welt zu ihrer »Vervollständigung« einander nötig hätten. Whitehead meint, es sei »genauso wahr« zu sagen,

stoffliche Entitäten und reale Gesetzmäßigkeiten zuinnerst sind: worin sie – präziser gesprochen – ihr Wesen haben. Wohl kann gegen nominalistische Weltvorstellungen das Argument gerichtet werden, daß natürliche Dinge die Basis ihrer generischen und spezifischen Beschaffenheit nicht in einem Nichts besitzen können: daß sie vielmehr für ihr Sosein und ihr gesetzmäßiges Verhalten einer ontologischen Grundlage bedürfen. Doch ist es unmöglich, jene Grundlage inhaltlich zu charakterisieren. Eine inhaltliche Charakteristik setzte eine positive Erkenntnis der Gottheit voraus: der essentia essentiarum. Diese notwendige Voraussetzung einer jeden affirmativen Metaphysik ist für menschliches als ein endliches Denken unerfüllbar. Es kann durch die Unmöglichkeit einer Selbstauswahl und Selbstkoordination der in Naturprozessen wirksamen Gesetze lediglich zeigen, daß die Annahme einer allmächtigen Vernunft unerläßlich ist für eine rationale Weltauffassung. Das heißt aber: Metaphysik ist nur als negative Metaphysik möglich – nicht als deduktives System. Kritisch denkend muß menschlicher Geist auf inhaltliche Aussagen über das Sein und Wirken der Gottheit prinzipiell verzichten. Von den Zielen ihres schöpferischen Tuns hängt es ab, welche Naturgesetze die jeweils erforderlichen Mittel zur Hervorbringung und Erhaltung stoff-

»Gott« erschaffe die »Welt«, wie zu behaupten, die »Welt« kreiere »Gott« (vgl. hierzu A.N. Whitehead, Prozeß und Realität, Frankfurt am Main 1979, S. 611-623). Dieser paradoxen Vorstellung von Gott und Welt entspricht der nicht weniger paradoxe Gedanke einer auf »Aneignung des Toten durch das Lebendige« reduzierten »Unsterblichkeit« (l.c., S. 25). Sie wird von Whitehead »objektive Unsterblichkeit« genannt und soll jedem »Einzelwesen« zukommen. Ihr metaphysischer Gehalt erschöpft sich in Umwandlungen: einem permanenten Werden vergehender Entitäten zu »realen Bestandteilen« je neu entstehender Weltdinge (l.c., S. 25). Eine solche Metaphysik ist, ohne es selbst zu merken, ein krasser Materialismus.

licher Entitäten sind. Weil diese Ziele unerforschlich sind für menschlichen Geist, gibt es für ihn im Prozeß der Weltgenese unvorhersehbare Ereignisse. Solche Ereignisse sind insofern keine, die an sich selber unvorhersehbar oder – mathematisch formuliert – unerrechenbar wären. Ereignisse, denen an sich selber Unerrechenbarkeit zukäme, wären Ereignisse ohne Gesetzlichkeit – ein völlig chaotisches Geschehen. Wird das in aller Schärfe erkannt, so verliert der Zufall jede Bedeutung für luzide Kosmologie. Er verflüchtigt sich, selbst für Hume, in »ein Wort ohne Sinn«[193].

Dieser Auflösung ins Irrationale unterliegt auch das moderne Theorem von der Selbstorganisation des Kosmos. Mehr als eine bloße Behauptung könnte es einzig dann sein, wenn Selbstauswahl und Selbstkoordination von Naturgesetzen, in denen kosmische Eigenorganisation ihre reale Grundlage hätte, physikalische Möglichkeiten verkörperten. Das jedoch ist nicht der Fall: physikalische Gesetze sind partikuläre Gesetze, die für ihr Zusammenwirken in Naturprozessen ein planendes Prinzip erfordern. Die antimetaphysische Abstraktion von ihm führt nicht zu einer Natur, die sich selbst zu organisieren weiß, sondern endet in einer Kosmologie, in welcher – wie bei Monod – der Zufall das Absolute wäre.

Der Weg von exakter Naturerkenntnis zu rationaler Naturerklärung ist der Weg in die Dimension des Metaphysischen. Sie besteht zutiefst in dem für Menschen unergründbaren Sein und Wirken der Gottheit. Der negative Schritt in diese Dimension ist vermöge seiner gnoseologischen Basis, die er im Durchdenken kosmischen Geschehens hat, ein rationaler Schritt. Er verbietet eine nominalistische Deutung der Natur: die Ablehnung eines metaphysischen Wesens der natürlichen

193 D. Hume, Dialoge über natürliche Religion, Hamburg 1968, S. 74.

Dinge. Die nihilistischen Folgen einer solchen Ablehnung widerlegen die moderne Vorstellung von der straflosen Brandschatzung des Gegebenen. Es ist weder wesenlos noch wehrlos. Ob das erkannt wird oder nicht, ist von höchster Wichtigkeit nicht nur für das Schicksal der Philosophie, sondern hat intensivste Bedeutung auch und zuvörderst für das Schicksal der Menschheit. Der kritische Weg einer negativen Metaphysik ist zu beschreiten, weil er allein zu Erkenntnissen führt, durch welche es möglich ist, der nominalistischen Aushöhlung von Mensch und Natur entgegenzuwirken. Das zu explizieren, war die primäre Absicht der in diesem kleinen Buch durchgeführten Reflexionen über Metaphysik als Forderung rationaler Weltauffassung.

Aus ihnen folgt unmittelbar: ähnlich wie Metaphysik ist für kritisches Denken auch Theologie nur in negativer Form möglich. Die philosophische Erkenntnis der Notwendigkeit eines creator mundi führt nicht über eine negative Gotteslehre hinaus: vor allem nicht zu einem Gott und Welt umfassenden theologischen System, in dem religiöse Dogmen die Evidenz zurückgewännen, die ihnen im geschichtlichen Prozeß verlorenging. Auch eine Naturerklärung, die sich auf Theologie verwiesen weiß, vermag dem Glauben an göttliche Offenbarungen heute nicht mehr zu geben, was er einmal besaß, einen Platz im allgemein anerkannten Wissen. Platz in ihm kann nur ein Weltdinge transzendierendes Denken finden, das von den physikalischen Wissenschaften selber gefordert wird. Dies ist der gnoseologische Punkt, an dem moderne Theologie ihre zentrale Aufgabe verfehlt hat. Statt einen Weg zu suchen, der von reflektierender Naturerkenntnis zu rationaler Gotteserkenntnis führt, haben nicht bloß ihre protestantischen Initiatoren, sondern in steigendem Maße auch ihre katholischen Strategen irrationale Bekenntnisse postuliert: Akte blinden Glaubens an Gott. Für ihn sollen die Menschen sich entscheiden – in einem »stets neuen Wagnis und Risiko der Freiheit«[194]. Ihre Entscheidung würde in dem Bewußtsein erfolgen: »Gottesglaube … ist meine Tat«[195]. Von der menschlichen Ratio in Ungewißheit gelassen, ob ein Gott überhaupt existiert, wäre solcher Glaube vor allem Gelegenheit zu beweisen, wie kühn theologische Denker sind: wie sehr sie »Abenteuer« des Geistes lieben[196]. Das impliziert: Gott ist nicht mehr der Allmächtige, sondern der Mensch ist es in seinem Belieben. Gegen die Pluralität des profanen Angebots von Sinn deklariert er Gott als den Sinn seines Lebens[197]. Wie in Pascals berühmter Wette wird Gott zum Gegenstand eines Glücksspiels: »Wägen wir Gewinn gegen Verlust für den Fall, daß wir auf Kreuz, daß wir darauf: daß Gott sei, setzen. Schätzen wir beide Möglichkeiten ab: gewinnen Sie, so gewinnen Sie alles, verlieren Sie, so verlieren Sie nichts. Setzen Sie also, ohne zu zögern, darauf, daß er ist«[198]. Anders argumentieren auch die modernen Theologen nicht: sie setzen auf einen Gott, von dem sie einzig hoffen können, daß er existiert und – gemäß den Verheißungen Jesu – die Menschen in der Stunde ihres Todes aufnimmt in seine Herrlichkeit. Kann aber solches Setzen auf Gott mehr zustandebringen als ein bloßes Spiel mit Wörtern? Präziser: Wird in ihm das erreicht, was schon von Pascal intendiert war, nämlich ein letzter Halt und Sinn des menschlichen Daseins im Strom des neuzeitlichen Nihilismus? Die Antwort auf diese Fragen kann nur lauten: Solange die modernen Theologen vor der Anstrengung einer rationalen Gotteserkenntnis in die Bequemlichkeit irrationaler Entscheidungen ausweichen, verzichten sie bewußt auf die Arbeit an einem

194 H. Küng, Existiert Gott?, S. 634.
195 l.c., S. 632.
196 Vgl. hierzu J. Ratzinger, Glaube und Zukunft, S. 90f.
197 l.c., S. 90.
198 Bl. Pascal, Über die Religion. Übers. von E. Wasmuth. Heidelberg 1946, S. 124f.

Weg, der aus der Sackgasse des neuzeitlichen Nihilismus herausführen könnte[199].

Eine Theologie, die vor kritischem Denken bestehen will, braucht eine rationale Grundlage. Zumindest eines muß für sie gewiß sein: daß es einen Gott gibt. Diese Gewißheit ist erreichbar – in logischer Strenge jedoch nur auf dem steilen Pfad zu der physikalisches Wissen transzendierenden Erkenntnis, daß kosmische Prozesse ein gestaltendes Prinzip voraussetzen: eine allmächtige Vernunft, die konstitutiv ist für die Auswahl und Koordination der Gesetze, die in jenen Prozessen wirksam sind. Das hat moderne Theologie, sofern sie mehr sein will als eine paradoxe Glaubenslehre, zu erkennen und fruchtbar zu machen für eschatologische Überlegungen. Ihr Denken muß getragen sein von der Einsicht, daß kein natürliches Gebilde aufgeht in dem szientifisch an ihm Faßbaren: ein jedes vielmehr über sich hinausweist auf göttliches Sein und Wirken. Wird der Weg zu solcher Einsicht nicht beschritten, so bleibt die nominalistische Weltauffassung der Moderne die herrschende Doktrin: alle Entitäten verlieren die Aura ihres transzendenten Ursprungs. Es geht verloren, was die Menschen zu einem sinnvollen Dasein

199 Ein solcher Verzicht bedeutet stets Kapitulation vor positivistischem Denken. Er läßt Ratzinger nur eine Vielheit oft sehr unähnlicher Philosophien noch sehen. Keine von ihnen soll mehr Wahrheit enthalten als eine andere: jede stelle einen »begründbaren Standort« dar (J. Ratzinger, Glaube und Zukunft, S. 68. Vgl. hierzu auch Ratzingers vielsagenden Aufsatz: Der angezweifelte Wahrheitsanspruch; in F.A.Z. vom 8. 1. 2000). Küng hat diesen Indifferentismus auf die Spitze getrieben. Selbst der Nihilismus ist für ihn eine vertretbare Philosophie. Es sei keineswegs auszuschließen, daß ein »blindes Schicksal« die Welt regiere: daß »alles letztlich zwiespältig, sinnlos, wertlos, nichtig« sei (H. Küng, Existiert Gott?, S. 468). Gleichwohl hält er die christliche Position für wahrscheinlicher: daß alles letztlich doch Wirklichkeit und einen Sinn besitzt (l. c., S. 469).

brauchen, das Bewußtsein von der Existenz einer absoluten Wahrheit. Deren radikale Verbannung aus dem Bewußtsein der Menschen ist heute das oberste Ziel aller Gegner metaphysischen Denkens. Was von ihnen intendiert wird, ist die Ausrottung menschlichen Strebens nach Nicht-Relativem. Die Sehnsucht der Individuen nach ewiger Gerechtigkeit zerinnt in eine Sehnsucht ohne objektive Grundlage. Die Verwerfung von Ontologie, die – wie keine andere philosophische Disziplin – die Besinnung auf wahres Sein postuliert, ist das deutlichste Zeichen für solche Negativität. In der Philosophie soll es nur eine Richtung noch geben: den Positivismus, dessen Beschränkung der Realität auf mathematisch bestimmbare Naturerscheinungen identisch gesetzt wird mit dem Begriff der Wirklichkeit, wie er in den physikalischen Wissenschaften vorliege. Diese sind stets zwar auf exakte Erkenntnis ausgerichtet: auf die mathematische Bestimmung relationaler Eigenschaften empirischer Dinge. Nur zu solcher Bestimmung taugt ihre Methode des experimentellen Forschens – nicht jedoch zur Erschließung eines Ansichseins irgendwelcher Phänomene. Darin liegt: ihre methodische Ausrichtung hat nichts zu tun mit Positivismus als philosophischer Weltanschauung. Erst die Einschränkung des Wirklichen auf seine mathematisch faßbaren Eigenschaften läßt aus exakter Wissenschaft eine positivistische Seinslehre entstehen. Kennzeichnend für sie ist die rigorose Verneinung der Dimension des Metaphysischen: eines übersinnlichen Prinzips der rational aufgebauten Natur. Die Erkenntnis seiner Notwendigkeit führt über Positivismus und Materialismus hinaus zu dem theologischen Gedanken, daß die sinnlich wahrnehmbare Welt nicht das Letzte ist. Mit anderen Worten: wie von den Menschen die Möglichkeit physikalischer Forschung gedacht wird, davon wird in künftigen Äonen es abhängen, wie sie selber sich begreifen – ob in ihr Dasein ein transzendenter Sinn hineinragt oder nicht. Dies gilt für alle

Menschen. Die religiösen Bekenntnisse werden der Entmythologisierung verfallen – durch eine ebenso unaufhaltsame wie universale Ausbreitung der physikalischen Weltvorstellungen. Deshalb ist es nicht gleichgültig, was die Menschen über die ontologischen und gnoseologischen Voraussetzungen realer Naturerkenntnis wissen. Dieses Wissen, entfaltet zu einer negativen Metaphysik, könnte die Grundlage bilden für ein wahrhaft intellektuelles und gesittetes Leben der Menschen[200]. Was einem Denken auf nominalistischem Boden nicht gelingen kann, erscheint möglich: die geistige Überwindung des modernen Nihilismus.

* * *

Das vorliegende Buch über Metaphysik als Forderung rationaler Weltauffassung ist – mit größeren und kleineren Unterbrechungen – in der Zeit von 1994 bis 2002 entstanden. Leitendes Motiv war die Erkenntnis, daß Naturerklärung nur möglich ist auf der Basis einer Metaphysik. Durch ihre Insuffizienz zeigen dies – indirekt – bereits die Versuche des antiken Materialismus, den rationalen Aufbau der Welt in rein hyletischen Ursachen zu fundieren. Metaphysik hat ihre Genesis in der Reflexion des philosophischen Denkens auf jene Versuche. Verhängnisvoll für sie selber wurde ihr Streben nach einer Weltdeduktion in entgegengesetzter Absicht: nach restloser Erklärung kosmischen Seins durch dessen Ableitung aus reinem als dem göttlichen Sein. Die

200 Zu einem intellektuellen und gesitteten Dasein der Menschen gehören Offenheit und Distanz. Das hat Walter Hoeres in ebenso inhaltsreichen wie scharfsinnigen Untersuchungen meisterlich dargetan. Vgl. W. Hoeres, Offenheit und Distanz, Berlin 1993.

nominalistische via moderna, die im Gott der antiken und mittelalterlichen Metaphysik einen bloßen Gegenbegriff zur empirischen Mannigfaltigkeit erkannte, zog aus dieser Erkenntnis die für die neuere Zeit schicksalhafte Konsequenz einer generellen Verwerfung von metaphysischen Entitäten. Wirklichkeit sollte einzig sinnlich wahrnehmbaren Weltdingen zukommen: stofflichen Gebilden. Unbedacht blieb, worauf Metaphysik seit Platon und Aristoteles stets insistiert hatte: daß materielles Sein – in welcher Form auch immer – zu rationaler Naturerklärung nicht ausreicht. Reflektierende Kritik metaphysischer Systeme verlangt mehr als die Negation des Falschen an ihnen. Wenn sie nicht zu rein destruktiver Kritik verkommen soll, muß sie bereit sein zur Erkenntnis des Wahren im Unwahren – zur Rettung der richtigen Intention. Für den Autor galt es daher, an den zentralen Gedanken der abendländischen Metaphysik das Richtige ihrer Intention zu verdeutlichen: es zu entfalten in Frontstellung gegen die nominalistische Aushöhlung alles Wirklichen. Die gnoseologische Nähe dieses Vorhabens zu Themen seines Buches über den Fortschritt in der Philosophie machte Wiederholungen unvermeidlich. Sie sind jedoch kein notwendiges Übel, sondern dienen ausschließlich der inneren Geschlossenheit und so zugleich der Verständlichkeit des Textes.

Namenregister

Anselm von Canterbury 23, 24, 25
Aristoteles 16-21, 26-30, 32, 37, 40, 74, 110, 118
Augustinus 21

Barth, K. 73-77
Büchner, L. 93, 109
Bulthaup, P. 97
Bultmann, R. 63-68, 73, 77, 88, 90

Carnap, R. 7

Demokrit 12, 13, 15, 26, 27, 53, 92, 110
Descartes, R. 32-45, 47, 49, 51, 53, 55, 91
Dessauer, F. 96, 97, 99
Dürr, H.P. 98

Ebeling, G. 67, 68
Einstein, A. 107

Fichte, J.G. 62, 103
Fuchs, E. 66

Galilei 95, 97, 104
Geulincx, A. 44-46, 48, 49

Haag, K.H. 21, 56, 94, 100
Haeckel, E. 93
Hegel, G.W.F. 20, 48, 54-60, 80-83, 91, 92, 103
Heisenberg, W. 94, 105-108
Helvetius, C.A. 49
Hobbes, Th. 8, 9
Hoeres, W. 117
Holbach, P.Th. d' 49-51, 53, 54, 56, 93, 109
Hume, D. 93, 94, 112

Jaspers, K. 65

Kant, I. 25, 55, 56, 70, 91, 101-103, 107
Küng, H. 87-89, 114, 115

Lamettrie, J.O. de 49, 93
Leukipp 12-13, 15, 16, 26, 27, 53, 92, 110
Luther, M. 62

Mach, E. 94
Malebranche, N. 46-49
Mensching, G. 19
Metz, J.B. 78, 89
Monod, J. 107, 108, 112

Newton, I. 104

Origenes 84, 85
Ockham, W. von 7, 30

Pascal, Bl. 114
Planck, M. 100
Platon 10, 13-19, 21, 26, 28, 30, 55, 74, 80, 84, 110, 118
Plotin 20, 29
Popper, K.R. 7

Rahner, K. 80-84, 86, 87
Ratzinger, J. 89-90, 114, 115

Schelling, Fr. W. J. von 58, 70, 71, 73, 80, 81
Schrödinger, E. 104
Spinoza, B. 47-49, 54, 59, 103

Teilhard de Chardin, P. 83, 84
Thomas von Aquin 24-30, 37-40
Tillich, P. 63, 68-73, 75, 77

Weizsäcker, C. F. von 95, 97, 99
Whitehead, A. N. 110, 111

Karl Heinz Haag

Der Fortschritt in der Philosophie

Neuausgabe 2005

2. Auflage 2018
218 Seiten, kartoniert, 18,–
ISBN 978-3-941743-76-2
E-Book (PDF) 13,–
www.humanities-online.de

Die klassische Metaphysik war zuinnerst irrational durch ihre Erhebung abstrakter Nachbilder empirischer Dinge zu essentiae rerum. Irrational ist aber auch die Folgerung des Nominalismus, nämlich aus der Unmöglichkeit, das Wesen von Seiendem positiv zu bestimmen, den Schluß zu ziehen, Wesen sei ein sinnloser Begriff. Die geistige Überwindung der einen wie der anderen Form von philosophischem Irrationalismus, zu denen alle späteren Systeme bloße Variationen darstellen, verlangt die Erkenntnis, daß der Schritt in die Sphäre des metaphysischen Grundes von sich aus kognoszibler Dinge nur negativ vollziehbar ist. Auf ihn, den negativen Schritt ins Metaphysische, kann ein Denken, das kritisch sein möchte, nicht verzichten. Seine »rationalistische Einstellung« zur erfahrbaren Wirklichkeit bliebe ohne jenen Schritt sachlich unmotiviert: sie würde unverbindlich – reduziert auf eine Weltanschauung, die in allen Entschlüssen – so Popper – »eine gewisse Priorität des Irrationalismus anerkennt«. Dies zu demonstrieren, war das leitende Interesse der Untersuchung über den Fortschritt in der Philosophie.